KB209880

진로상담
실전 가이드

상담도구, 질문·면담 기법 A to Z

문은미 저

Career Counseling
Practice Guide

학지사

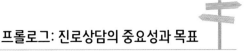

진로상담은 개인이 자신의 진로를 탐색하고 결정하는 데 도움을 주는 전문적인 과정입니다. 효과적인 진로상담을 위해서 상담도구와 질문, 면담 기법을 적절하게 사용하는 것은 중요합니다. 이 세 가지 기법을 적극적으로 활용할 때 내담자의 특성을 보다 심층적으로 파악하고, 개인에 적합한 진로 정보를 탐색하며 진로 방향을 제시해 줄 수 있습니다.

예를 들어 보겠습니다. 숲속에 사는 토끼와 거북이가 자신에게 적합한 진로가 무엇인지를 찾고 있습니다. 이들은 서로 다른 성격 특성과 강점을 가지고 있습니다. 이들은 진로상담사인 여우를 찾아가 진로상담을 받기로 하였습니다.

먼저 여우는 토끼와 거북이에게 직업카드를 제시하며 좋아하는 직업과 싫어하는 직업으로 분류하도록 하였습니다. 토끼는 역동적이고 활동적인 직업에, 거북이는 꼼꼼함과 인내가 필요한 직업에 관심을 보였습니다. 이어 여우는 강점카드를 이용해서 토끼와 거북이의 성격 강점을 탐색했습니다. 토끼가 선택한 카드에는 '판단이 빠르다' '사람들과 빨리 친해진다' '도전정신이 강하다' 등이, 거북이가 선택한 카드에는 '집중력이 있다' '화가 나도 잘 참는다' '과제(일)

를 끝까지 완수한다' 등이 적혀 있었습니다. 또한 여우는 가치카드를 제시하며 토끼와 거북이가 삶에서 중요하게 여기는 가치를 탐색했습니다. 토끼는 '인정' '성취' 등의 가치를, 거북이는 '성장' '안정성' 등의 가치를 중요하게 생각하였습니다. 이와 같이 상담도구를 활용한 상담을 통해 여우는 토끼와 거북이의 성향, 강점 및 직업가치를 종합적으로 이해할 수 있었습니다. 여우는 상담도구를 활용한 진로상담 과정에서 질문을 적절히 사용하여 토끼와 거북이의 생각과 감정을 구체적으로 탐색했습니다. 그뿐만 아니라 숙련된 면담 기법으로 토끼와 거북이가 마음을 열고 자신을 깊이있게 탐색할 수 있도록 도왔습니다.

여우는 상담도구, 질문, 면담 기법을 전략적으로 활용한 상담 결과, 토끼는 민첩성을 발휘할 수 있는 운동선수를, 거북이는 끈기와 인내심이 필요한 연구원이라는 직업에 대해 더 알아보기로 하였습니다. 토끼와 거북이는 자신의 강점과 가치관에 부합하는 진로 방향을 알게 되었습니다.

이처럼 진로상담 과정에서 상담도구, 질문, 면담 기법을 전략적으로 활용하면 내담자의 자기 이해를 촉진하고 구체적인 진로 목표를 설정하는 데 도움을 줄 수 있습니다. 무엇보다 상담도구, 질문, 면담 기법의 균형 잡힌 활용을 통해서 진로상담의 전문성과 효과성을 높일 수 있습니다.

이 책은 상담도구, 질문, 면담 기법을 구체적으로 다루어 진로상담사들이 실전에서 바로 활용할 수 있는 구체적인 방법을 제시하고

자 하였습니다. 각 장에서는 다양한 상담도구를 소개하고 활용하는 방법, 효과적인 질문 기법, 면담 기법의 실제를 소개하며, 사례와 예시를 통해 실제 상담 장면을 생생하게 보여 주고자 하였습니다. 또한 이 세 가지 기법을 통합적으로 적용하는 방안을 모색하여 진로상담사들의 역량 강화에 실질적인 도움을 주고자 하였습니다.

진로상담은 단순히 정보 제공을 하는 것에 그치지 않고 개인의 성장과 변화를 지원하는 전문적 개입으로 자리 잡고 있습니다. 이에 진로상담사는 내담자의 욕구를 민감하게 포착하고 내담자 맞춤형 접근을 제공할 수 있는 역량이 요구됩니다. 이 책은 진로상담에서 어떤 도구를 사용하고, 어떤 질문을 활용하며, 어떤 방식으로 내담자를 만날 것인지에 대해 중점을 두었습니다. 즉, 상담도구, 질문, 면담 기법에 대해 체계적인 내용과 구체적인 적용 방법을 전달함으로써, 진로상담 현장에서 진로상담사들이 전문성을 발휘하여 내담자에게 최선의 진로를 선택할 수 있도록 안내할 것입니다.

Part 1

진로상담을 위한
상담도구의 활용

Part 1 진로상담을 위한 상담도구의 활용

1. 상담도구를 활용한 진로상담

진로상담에서는 내담자의 자기 이해와 진로 탐색을 촉진하기 위해 카드, 사진, 그림, 인형, 자연물 등 다양한 시각적 도구를 활용할 수 있다. 이러한 도구들은 내담자의 흥미, 가치관, 성격, 강점 등을 파악하고, 진로 대안을 모색하며, 의사결정을 연습하는 데 도움을 준다.

시각적 도구는 내담자의 자발적인 참여를 이끌어 내고, 추상적인 개념을 구체화하며, 자기 표현의 기회를 제공한다. 특히 언어로 표현하기 어려운 내담자의 경우, 시각적 도구를 통해 자신을 보다 쉽게 표현할 수 있다. 상담자는 내담자의 특성과 상황을 고려하여 적절한 도구를 선택하고, 시각적 자료 활용의 핵심 원칙을 이해함으로써 진로상담의 효과를 극대화할 수 있다.

그중에서도 상담카드는 내담자의 자기 탐색과 상담자와의 소통을 활성화하는 데 효과적인 도구로 주목받고 있다. 상담카드를 활용한 면담은 내담자가 주도적으로 자신의 진로를 탐색하고 결정할 수 있도록 돕는다.

여기에서는 다양한 상담카드의 활용 방법과 사례를 구체적으로 살펴보고자 한다. 이를 통해 진로상담자들이 내담자 중심의 진로상담을 실천하고, 내담자의 특성과 요구에 맞는 맞춤형 상담을 제공할 수 있다. 상담카드는 진로상담 실제에서 유연하고 창의적으로 활용될 수 있는 유용한 도구가 될 것이다.

1) 다양한 상담도구의 선택 기준

진로상담에서 다양한 상담도구와 기법을 선택할 때에는 내담자의 특성과 상황, 상담목표, 현실적 여건 등을 종합적으로 고려하여 신중하게 결정할 필요가 있다. 아울러 상담자의 전문성을 지속적으로 개발하여 다양한 도구와 기법을 적재적소에 활용할 수 있는 역량을 갖추는 것이 중요하다.

효과적인 진로상담을 위해 상담도구와 기법을 선택할 때 고려해야 할 기준은 다음과 같다. 이러한 기준들을 종합적으로 고려하여 내담자에게 최적화된 상담도구를 선별할 때, 진로상담은 보다 효과적으로 진행될 수 있을 것이다.

⊕ 내담자의 연령 및 발달 단계

내담자의 연령과 인지적, 정서적 발달 수준을 고려하여 적합한 도구와 기법을 선택한다. 예를 들어, 아동·청소년 내담자의 경우 놀이나 신체 활동을 활용한 기법이 효과적일 수 있다.

✦ 내담자의 호소문제 및 상담목표

상담의 목적과 주제에 부합하는 도구를 선택해야 한다. 자기 이해, 가치관 탐색, 진로 정보 수집, 의사결정 등 상담의 목표에 따라 적합한 도구가 달라질 수 있다. 내담자가 호소하는 진로 관련 문제와 상담을 통해 달성하고자 하는 목표에 부합하는 도구와 기법을 선택한다. 예를 들어, 자기 이해를 위해서는 사진/감정카드나 자연물을, 진로 탐색을 위해서는 강점카드나 가치카드 등을 활용한 은유작업이 도움될 수 있다.

✦ 내담자의 성향 및 선호도

내담자의 성격적 특성과 선호하는 방식을 고려하여 도구와 기법을 선택한다. 예를 들어, 언어적 표현에 어려움을 느끼는 내담자에게는 시각적 도구를 활용한 작업이 효과적일 수 있다. 선택한 도구는 내담자에게 친숙하고 흥미로운 것이어야 한다. 내담자가 거부감을 느끼거나 이해하기 어려워하는 도구는 상담의 효과를 저해할 수 있다.

✦ 상담자의 전문성 및 숙련도

선택한 도구는 내담자에게 친숙하고 흥미로운 것이어야 한다. 내담자가 거부감을 느끼거나 이해하기 어려워하는 도구는 상담의 효과를 저해할 수 있다. 따라서 이를 잘 파악할 수 있는 상담자의 능력이 요구되며, 상담자는 해당 도구와 기법에 대해 충분한 지식과 경험을 갖추고 있는지 고려하여 선택한다. 상담자가 익숙하고 전문성 있게 다룰 수 있는 도구와 기법을 활용할 때 보다 효과적인 상담이 이루어질 수 있다.

상담 환경과 자원도 고려 대상이다. 상담 시간, 공간, 예산 등 현실적 여건을 감안하여 적절한 도구를 선택할 필요가 있다. 실제 상담 장면에서 활용 가능한 시간, 공간, 자원 등의 현실적 여건을 고려하여 도구와 기법을 선택한다. 내담자의 신체적, 경제적 제한점 등도 고려하여 무리가 없는 범위 내에서 적합한 방법을 모색한다.

2) 상담도구 활용의 핵심원칙

진로상담에서 카드, 사진, 인형, 자연물 등의 시각적 자료를 활용하면 내담자와의 소통을 향상시키고 감정과 생각을 시각적으로 표현하도록 도와주어 심층적인 대화를 이끌어 낼 수 있다. 이는 내담자와의 상호작용을 풍부하게 만들고 진로에 대한 통찰을 얻는 데 도움을 준다. 다만, 상담도구를 활용할 때에는 다음과 같은 몇 가지 핵심원칙을 염두에 두어야 한다.

◈ 내담자 중심 접근

내담자의 요구와 관심사를 중심으로 면담을 진행한다. 선택한 시각적 자료가 내담자의 상황과 필요에 부합하는지 확인하고 활용한다.

◈ 자발적 상상력 촉진

시각적 자료를 사용하여 내담자에게 자발적으로 상상력을 발휘하도록 유도한다. 이를 통해 내담자의 숨겨진 욕구와 바람, 목표를 발견할 수 있다.

◈ 감정과 관련된 대화

선택한 자료를 통해 내담자의 감정과 생각을 다양한 시각에서 표현하도록 도와준다. 이를 통해 내담자는 자신의 내면을 깊이 탐색하고, 감정과 생각을 더 명확히 이해할 수 있다.

2. 상담카드를 활용한 진로상담

상담카드를 활용한 진로상담은 내담자가 자신의 내면을 깊이 탐색하고, 이를 통해 진로결정에 필요한 자기 이해를 증진시키는 효과적인 방법이다. 감정카드, 대화카드, 강점카드, 가치카드, 흥미카드, 직업카드 등 다양한 유형의 상담카드는 내담자가 자신의 감정, 강점, 가치관, 흥미, 그리고 직업적 관심사를 탐색하는 데 도움을 준다. 이러한 카드들은 내담자에게 자신의 진로를 선택하는 데 필요한 정보와 통찰을 제공하며, 상담자는 이러한 카드를 바탕으로 내담자가에게 맞춤형 조언을 제공할 수 있다.

1) 상담카드 활용의 개요

상담카드는 진로상담에서 내담자의 자기 이해와 탐색을 돕는 효과적인 도구이다. 카드의 종류에는 대화카드, 감정카드, 강점카드, 가치카드, 흥미카드, 직업카드, 직무카드 등이 있다. 각각의 카드는 내담자들이 자신의 내면을 탐색하고, 진로에 대한 생각과 느낌을 표현하며, 직업 세계에 대한 정보를 얻는 데 도움을 준다.

상담카드는 내담자의 자기 이해를 증진시키고, 상담자와의 의사소통을 원활하게 하며, 상담과정에 대한 동기와 흥미를 유발한다. 또한 다양한 진로 관련 정보를 제공하고, 상담자와 내담자 간의 라포 형성에 기여한다. 카드를 활용함으로써 상담과정을 체계적으로 진행할 수 있으며, 내담자의 개인적 특성에 맞춰 유연하게 상담을 이끌어 갈 수 있다. 카드의 종류를 자세히 살펴보면 다음과 같다.

✒ 대화카드

진로에 대한 대화를 촉진하고, 내담자들이 상담자나 동료들과 자신의 생각과 느낌을 공유하도록 돕는다. 이 카드들은 개방적인 질문이나 토론 주제를 담고 있어, 진로에 대한 깊은 대화를 이끌어 낼 수 있다.

✒ 감정카드

내담자들이 자신의 감정을 인식하고 표현하는 데 도움을 준다. 진로결정 과정에서 느끼는 불안, 기대, 흥미 등의 감정을 구체적으로 파악하고 이해함으로써, 자신의 진로 선택에 영향을 미치는 감정적 요소를 관리할 수 있게 된다.

◈ 강점카드

내담자들이 자신의 강점과 장점을 인식하게 한다. 자신의 강점을 기반으로 진로를 탐색하고 결정하는 과정에서, 내담자들은 자신감을 키우고 자신에게 잘 맞는 직업을 찾는 데 도움을 받을 수 있다.

◈ 가치카드와 흥미카드

내담자들이 자신의 가치관과 흥미를 명확히 하고, 이를 진로 선택에 반영할 수 있도록 한다. 가치와 흥미가 직업 선택에 중요한 기준이 되므로, 이러한 카드를 통해 내담자들은 자신의 직업적 가치와 흥미를 통합적으로 이해할 수 있다.

◈ 직업카드와 직무카드

직업카드와 직무카드는 다양한 직업과 직무에 대한 정보를 제공하고, 내담자들이 자신의 관심 분야와 적성에 맞는 직업과 직무를 탐색할 수 있도록 한다. 이를 통해 자신에게 적합한 진로 방향을 설정할 수 있다.

2) 상담카드 활용의 장점

상담카드는 내담자가 능동적으로 참여하고 상담과정을 잘 이해할 수 있도록 도와주며, 상담자 또한 내담자의 개인적 특성에 맞는 맞춤형 정보와 조언을 제공하는 데 유용한 도구이다. 상담카드 활용의 구체적인 장점은 다음과 같다.

◈ 내담자의 자기 이해 증진

- 카드를 통해 자신의 감정, 가치관, 흥미, 강점 등 내면을 탐색할 수 있다.
- 자신에 대한 인식과 통찰력이 높아져 진로 탐색의 토대가 된다.

◈ 원활한 의사소통 촉진

- 카드가 화두를 제공하여 진로 관련 대화가 자연스럽게 이어진다.
- 말로 표현하기 어려운 부분을 카드를 통해 간접적으로 표출이 가능하다.

◈ 동기부여 및 흥미 유발

- 시각적 자료인 카드가 내담자의 관심과 호기심을 자극한다.
- 게임 형식이 주는 재미 요소로 상담과정에 대한 동기를 부여한다.

◈ 다양한 정보 제공

- 직업, 직무, 자격 등 진로 관련 정보가 담긴 카드를 활용할 수 있다.
- 내담자에게 폭넓은 선택지를 알려주어 진로 탐색의 범위를 확대한다.

◈ 상담자-내담자 간 라포 형성

◆ 카드 활용을 통해 상호작용이 활발해지며 신뢰 관계 구축에 용이하다.

◆ 내담자의 개인적 특성에 따라 유연한 카드 사용이 가능하다.

◈ 체계적인 상담과정 진행

◆ 카드별로 상담 단계를 구조화할 수 있다.

◆ 상담의 논리적 흐름 유지와 핵심 포인트 파악이 수월하다.

3) 상담카드 활용 시 유의점

상담카드를 진로상담에 활용할 때는 다음과 같은 사항에 유의해야 한다.

💡 내담자의 특성과 요구에 적합한 카드 선택

내담자의 연령, 성별, 인지적 · 정서적 발달 수준, 문화적 배경 등을 고려하여 내담자에게 적합하고 흥미로운 카드를 선택해야 한다. 내담자의 특성에 부합하지 않는 카드는 내담자의 참여와 몰입을 저해할 수 있다.

💡 카드 활용의 목적과 방법에 대한 명확한 안내

카드를 활용한 활동을 시작할 때는 활동의 목적과 절차, 소요 시간 등을 내담자에게 분명히 설명해야 한다. 이를 통해 내담자가 활동의 취지를 이해하고 자발적으로 참여할 수 있도록 돕는다.

💡 내담자의 자발적 선택과 표현 존중

카드 선택과 해석에 있어 내담자의 자율성을 최대한 보장해야 한다. 내담자가 자신의 기준과 방식대로 카드를 탐색하고 의미를 부여할 수 있도록 지지하되, 지나친 개입은 자제한다.

💡 카드에 대한 내담자의 반응에 주의 깊은 관찰

내담자가 카드를 선택하고 설명하는 과정에서 보이는 언어적 · 비언어적 반응을 민감하게 관찰해야 한다. 내담자의 반응은 내담자의 내면에 대한 중요한 단서를 제공하므로, 공감과 수용의 자세로 주의 깊게 살펴야 한다.

💡 과도한 해석 경계

상담자는 내담자가 선택한 카드의 의미를 섣불리 단정 짓거나 지나치게 해석하지 않도록 주의해야 한다. 내담자 스스로 카드에 담긴 개인적 의미를 탐색하고 통찰할 수 있도록 개방적 질문과 촉진적 반응으로 도와야 한다.

⊙ 내담자의 통찰과 행동 변화 연결

카드를 통해 얻은 내담자의 통찰과 깨달음이 실제 진로 탐색 행동으로 이어질 수 있도록 조력해야 한다. 내담자가 카드 활동에서 발견한 자신의 강점, 가치, 동기 등을 진로 목표 수립과 실천 계획에 반영할 수 있게 안내한다.

⊙ 상담자 자신의 가치관과 선호 인식

상담자는 자신이 선호하는 카드나 해석 방식이 내담자의 선택과 표현에 영향을 미칠 수 있음을 자각해야 한다. 상담자 자신의 가치관과 편견을 점검하고, 내담자의 주관적 경험을 있는 그대로 수용하려는 자세가 필요하다. 상담카드는 내담자의 자기 탐색과 표현을 자극하는 유용한 도구이지만, 카드 자체에 내담자를 변화시키는 힘이 있는 것은 아니다. 카드는 어디까지나 내담자 중심의 탐색을 촉진하는 매개체이며, 상담자와 내담자 간의 역동적인 소통과 내담자 내부의 성찰이 변화를 이끌어 낸다.

따라서 상담자는 내담자의 주도성을 존중하는 가운데 탐색을 심화시키고 통찰을 현실과 연결시키는 조력자로서, 카드의 기능과 한계를 분명히 인식하면서 이를 유연하게 활용할 수 있어야 한다. 이를 통해 내담자는 카드와의 만남을 창구로 자신만의 고유한 진로 여정을 만들어 갈 수 있을 것이다.

4) 일반적 진행방법

상담카드를 활용한 진로상담은 내담자의 직관과 창의성을 자극하여 진로문제에 대한 새로운 인식과 통찰을 얻는 데 도움이 될 수 있다. 상담자는 내담자가 카드를 매개로 자기 탐색을 원활히 할 수 있도록 개방적이고 수용적인 질문을 사용하는 것이 좋다. 또한 다음과 같은 순서로 진행하도록 한다.

① 라포 형성 및 카드 소개

- ◆ 내담자와 라포를 형성하고, 상담카드의 특성과 활용 방법을 소개한다.
- ◆ 카드를 통해 자신의 진로 고민을 탐색할 것임을 안내한다.

> **라포형성을 위한 질문**
>
> - 지금 진로에 대해 어떤 생각과 느낌을 갖고 계신가요?
> - 상담카드를 활용해서 진로를 탐색해 보는 것에 대해 어떻게 생각하시나요?
> - 카드의 이미지나 메시지가 마음에 와닿는 방식으로 진로를 살펴볼 수 있을 것 같다는 기대감이 드시나요?

② 카드 선택 및 의미 탐색

- ◆ 내담자에게 다양한 상담카드를 제시하고, 직관에 따라 카드를 선택하도록 한다.
- ◆ 선택한 카드의 이미지와 메시지에 대해 내담자가 느끼는 바를 탐색한다.

카드 선택 및 의미 탐색 질문

- 지금 눈에 띄는 카드가 있다면 먼저 선택해 주시겠어요?
- 선택한 카드의 이미지에서 가장 인상 깊은 부분은 무엇인가요? 그 부분에서 어떤 느낌이나 연상이 떠오르시나요?
- 카드에 적힌 메시지를 읽어보면 어떤 생각이 드시나요? 그 메시지가 지금의 당신에게 어떤 의미로 다가오나요?

③ 진로문제와 연결 짓기

- ◆ 선택한 카드가 내담자의 진로문제와 어떻게 연결될 수 있는지 질문한다.
- ◆ 카드의 의미를 내담자의 경험, 가치관, 목표 등과 연관 지어 탐색한다.

진로문제와 연결 짓는 질문

- 선택한 카드가 현재 자신의 진로 상황과 어떻게 연결될 수 있을까요?
- 카드에서 발견한 이미지나 메시지가 진로를 탐색하는 과정에서 어떤 시사점을 줄 수 있을까요?
- 만약 이 카드의 메시지대로 행동한다면, 자신의 진로 방향에 어떤 변화가 생길 수 있을까요?

④ 통찰 및 실천방안 모색

- ◆ 카드를 통해 얻은 통찰을 바탕으로 내담자가 진로문제를 새롭게 바라볼 수 있도록 돕는다.
- ◆ 내담자가 진로 설계와 준비를 위해 실천할 수 있는 구체적인 방안을 함께 모색한다.

● 카드를 통해 자신의 진로에 대해 새롭게 깨달은 점이 있다면 무엇인가요?

● 내담자로서 진로를 준비하는 과정에 있어 이 카드가 주는 메시지를 어떻게 적용해 볼 수 있을까요?

● 오늘 상담에서 얻은 통찰을 바탕으로, 앞으로 진로를 위해 실천해 보고 싶은 일이 있다면 무엇인가요?

5) 상담카드 활용의 실제

(1) 직업카드를 활용한 직업 선호와 직업 가치 탐색[1]

직업카드를 활용하여 자신의 직업적 선호와 가치관을 탐색하고, 이를 바탕으로 진로 방향을 설정한다. 직업카드는 다양한 종류로 시중에 판매되고 있다. 각 직업카드마다 디

---

1) 부록 1 '직업카드 분류 활동지' 활용

자인과 구성 요소에 조금씩 차이를 보인다. 하지만 활용 방법은 대체로 비슷하다. 이러한 직업카드는 다양한 방법으로 활용할 수 있다. 여기에서는 여러 직업카드 중에서 한국고용정보원에서 개발한 '청소년 직업카드'를 실제로 어떻게 활용할 수 있는지 구체적인 예시와 함께 자세하게 설명해 보고자 한다.

◈ 직업 탐색

◆ 직업카드를 한 장씩 살펴보며, '좋아하거나 해 보고 싶은 직업'과 '싫어하거나 하고 싶지 않은 직업'으로 분류한다. 분류가 어려운 카드는 '보류' 더미에 따로 놓아둔다.

◆ 보류 더미 카드 또한 좋아하는 직업과 싫어하는 직업으로 나누어 분류하는 것이 효과적이다.

"직업카드를 활용하여 자신의 직업적 선호도와 가치관을 탐색해 보는 활동을 해 볼게요. 이를 통해 자신에게 적합한 진로 방향을 설정하고, 구체적인 진로 계획을 수립하는 데 도움이 될 거예요. 먼저 직업카드를 한 장씩 살펴보면서 '좋아하거나 해 보고 싶은 직업'과 '싫어하거나 하고 싶지 않은 직업'으로 분류해 보세요. 분류가 어려운 카드는 '보류' 더미에 따로 놓아두시면 됩니다. 이때 잘할 수 있는지 없는지는 고려하지 말고 그냥 좋아하거나 해 보고 싶은지, 관심이 있는지에 대해서만 생각하며 분류하세요. '보류' 더미의 카드들도 다시 한번 살펴보고 분류해 보세요."

⊙ 직업 선호 분석

◆ '좋아하는 직업' 더미를 살펴보며, 해당 직업을 왜 좋아하는
지 그 이유를 구체적으로 적는다.

◆ 좋아하는 이유를 바탕으로 카드를 재분류하고, 각 이유별
로 해당하는 직업을 적는다. 각 이유는 5~6개 정도가 적
당하다.

◆ '싫어하는 직업' 더미도 같은 방식으로 분석하고, 기피 이유
를 적는다.

> "좋아하는 직업 더미를 보면서 해당 직업을 좋아하는 이유를 구체적으
> 로 적어 보세요. 그리고 좋아하는 이유별로 카드를 재분류하고 탐색해
> 보세요. 싫어하는 직업 더미도 같은 방식으로 분석하고 싫어하는 이유
> 를 탐색해 보세요."

⊙ 직업가치 확인

◆ '좋아하는 직업' 중에서 가장 해 보고 싶은 직업 5개를 선정
하고, 우선순위를 매긴다.

◆ 선정한 직업과 우선순위를 바탕으로, 자신의 직업적 가치
와 선호 경향성을 파악한다.

◆ 직업 선택 시 중요하게 고려하는 가치(예: 인정, 봉사, 도전
등)를 확인한다.

"이제 좋아하는 직업 중에서 가장 해 보고 싶은 직업 5개를 선택하고 우선순위를 매겨 보세요. 선택한 직업과 우선순위를 바탕으로 자신의 직업적 가치와 선호 경향성을 파악해 볼 수 있습니다. 직업을 선택할 때 가장 중요하게 고려하는 가치를 탐색해 보세요. 예를 들면 '사람들이 인정해 준다, 사람들을 도와줄 수 있다, 다양한 상황에 도전할 수 있다' 등을 확인해 보세요."

◈ 진로 방향 설정

- ◆ 직업 선호와 가치를 종합적으로 고려하여, 자신의 진로 방향을 설정한다.
- ◆ 선호하는 직업군이나 직무 분야를 확인하고, 해당 분야에서 필요한 역량과 자질을 파악한다.
- ◆ 진로 목표 달성을 위해 필요한 교육, 훈련, 경험 등을 계획한다.

"자, 지금까지 살펴본 직업 선호와 가치를 종합적으로 고려하여 자신의 진로 방향을 설정해 보는 것은 어떨까요? 이 시간에 진로 방향을 확정짓는 것은 아니지만, 잠정적으로 진로 방향을 설정해 보는 것입니다. 선호하는 직업군이나 직무 분야를 중심으로, 해당 분야에서 필요로 하는 역량과 자질도 함께 파악해 보면 좋겠네요. 그리고 진로 목표 달성을 위해 필요한 교육, 훈련, 경험 등을 계획해 보는 것도 중요합니다."

◈ 정리 및 피드백

- ◆ 직업카드 활동을 통해 얻은 통찰과 배움을 정리한다.
- ◆ 자신의 직업 선호와 가치에 대한 이해가 어떻게 심화되었

는지 나눈다.

◆ 설정한 진로 방향을 실현하기 위한 구체적인 실천 계획을
세운다.

◆ 상담자는 내담자의 활동 결과를 바탕으로 피드백과 진로
조언을 제공한다.

"이 활동을 통해 자신의 직업적 흥미와 가치에 대해 탐색해 보셨을 텐
데요, 새롭게 깨달은 점이나 배운 점은 무엇인가요? 그리고 오늘 설정
한 진로 방향성을 실현하기 위해 어떤 구체적인 실천 계획을 세워볼
수 있을지 이야기해 볼까요?"

집단 활동(선택사항)

◆ 4~6명씩 팀을 구성한다.

◆ 개인별로 직업카드 분류활동을 한다.

◆ 팀 내에서 직업카드 분류 결과를 공유하고, 서로의 직업 선
호와 가치에 대해 이야기를 나눈다.

◆ 각자의 진로 방향을 소개하고, 실현 가능성과 준비 사항 등
에 대해 논의한다.

◆ 팀원들은 서로의 진로 계획을 응원하고 격려한다.

직업카드 분류활동은 자신의 직업적 흥미와 가치를 탐색하는 데
효과적인 도구이다. 다양한 직업을 분류하고 선호를 분석하는 과정
에서 자신의 성향과 중요하게 여기는 가치를 파악할 수 있다. 이를
통해 자신에게 적합한 진로 방향을 설정하고, 구체적인 진로 계획을

수립할 수 있다. 또한 집단 활동을 통해 타인의 직업 선호와 가치를 이해하고, 서로의 진로 계획을 응원하며 지지할 수 있다. 직업분류 활동은 직업카드 한 장 한 장을 살펴보며 선택할지 말지를 결정하는 수많은 '선택' 기회를 제공한다. 이 과정은 내담자들의 의사결정 능력을 향상시키는 데 기여할 것이다.

 ※ 인터넷에서 '직업카드'나 '학과카드' 등을 검색
  - 여기에서는 '직업카드(한국고용정보원, 매일경제신문사)'를 사용함

💬 직업카드를 활용한 상담 장면

(2) 강점카드를 활용한 내담자 자원 발견

강점카드 활동은 자기 이해와 직업 탐색에 도움이 되는 효과적인 도구이다. 개인의 강점과 약점을 파악하고, 이를 직업과 연결지어 탐색함으로써 자신에게 적합한 진로 방향을 모색할 수 있다. 또한 집단 활동을 통해 타인의 강점을 알아가고 서로 격려하며, 강점 활용 방안을 함께 논의할 수 있다. 이 활동을 통해 내담자들은 자기 이해의 폭을 넓히고, 긍정적인 자기상을 형성하며, 진로 개발 역량을 기를 수 있을 것이다.

자기 이해

- 강점카드 중에서 자신의 강점이라고 생각되는 카드 3장과 약점이라고 생각되는 카드 3장을 선택한다.
- 선택한 강점카드를 우선순위에 따라 1순위부터 3순위까지 배치한다.
- 각 순위별로 해당 강점을 선택한 이유와 구체적인 사례를 들어 설명한다.
- 약점카드도 같은 방식으로 우선순위를 정하고, 각 약점에 대한 설명과 사례를 제시한다.

"이번에는 강점카드를 활용하여 자신의 강점과 약점을 파악하고, 이를 토대로 적합한 직업을 탐색해 보는 시간을 가져보겠습니다."
"먼저 강점카드 중에서 자신의 강점이라고 생각되는 카드 3장과 약점이라고 생각되는 카드 3장을 선택해 주세요."

◆ 파악된 강점과 약점을 토대로, 자신에게 적합한 직업 환경과 직무를 탐색한다.

◆ 강점을 발휘할 수 있는 환경과 직무, 약점을 보완할 수 있는 방안 등을 고려한다.

◆ 희망 직업이 있다면, 해당 직업이 자신의 강점과 약점에 비추어 적합한지 평가해 본다.

"선택한 강점카드를 우선순위에 따라 1순위부터 3순위까지 배치해 보세요. 그리고 각 순위별로 해당 강점을 선택한 이유와 함께 구체적인 사례를 들어 설명해 주시겠어요? … 약점카드도 같은 방식으로 우선순위를 정하고, 각 약점에 대한 설명과 사례를 제시하고 설명해 주세요."

"자신의 강점과 약점에 대해 잘 파악해 주셨어요. 이제 파악된 강점과 약점을 토대로 자신에게 적합한 직업 환경과 직무를 탐색해 볼까요? 강점을 발휘할 수 있는 환경과 직무, 그리고 약점을 보완할 수 있는 방안 등을 고려하면서 살펴보세요. 혹시 현재 희망하는 직업이 있다면, 그 직업이 자신의 강점과 약점에 비추어 적합한지도 한번 평가해 보면 좋겠네요."

◈ 정리 및 피드백

◆ 강점카드 활동을 통해 얻은 깨달음과 감상을 나눈다.

◆ 자신의 강점과 약점에 대한 이해가 어떻게 변화했는지, 새롭게 발견한 점은 무엇인지 등을 이야기한다.

◆ 강점을 어떻게 활용하고 약점을 어떻게 보완할 것인지에 대한 실천 계획을 세운다.

◆ 상담자는 내담자의 활동 결과를 바탕으로 피드백과 조언을 제공한다.

"자신의 강점과 약점에 대해 잘 파악해 주셨습니다. 이제 파악된 강점과 약점을 토대로 자신에게 적합한 직업 환경과 직무를 탐색해 볼까요? 강점을 발휘할 수 있는 환경과 직무, 그리고 약점을 보완할 수 있는 방안 등을 고려하면서 살펴보시면 좋겠어요. 혹시 현재 희망하는 직업이 있다면, 그 직업이 자신의 강점과 약점에 비추어 적합한지도 한번 평가해 보세요."

(내담자의 대답을 경청한 후)

"파악된 강점을 진로 탐색과 설계에 적극 활용하고, 약점은 보완하기 위해 노력한다면 분명 자신에게 맞는 직업을 찾고 성장할 수 있을 거예요. 강점을 어떻게 활용하고 약점을 어떻게 보완할 것인지에 대한 실천 계획을 세워 보는 것은 어떨까요?"

집단 활동(선택사항)

◆ 4~6명씩 팀을 구성한다.

◆ 각 팀에 강점카드 1세트를 제공한다.

◆ 팀원들은 카드를 펼쳐놓고, 자신의 강점을 나타내는 카드 2~3장을 선택한다.

◆ 선택한 강점카드를 바탕으로 자신의 강점을 팀원들에게 소개하고, 서로의 강점에 대해 이야기를 나눈다.

◆ 팀원들은 서로의 강점을 인정하고 격려하며, 강점을 활용할 수 있는 방안에 대해 논의한다.

※ 인터넷에서 '강점카드'나 '역량카드' 등을 검색
- 여기에서는 '강점카드(아동청소년심리치료연구소 맑음)'를 사용함

🔽 강점카드를 활용한 상담 장면

(3) 가치카드를 활용한 직업가치관 확인

가치카드 활동은 자신의 직업적 가치관을 명료화하고, 진로 의사 결정에 필요한 기준을 세우는 데 도움이 되는 활동이다. 다양한 가치 항목 중에서 우선순위를 정하고 그 이유를 탐색하는 과정에서, 자신에게 진정으로 중요한 것이 무엇인지 깨닫게 된다. 이를 통해 직업관을 정립하고, 가치관에 적합한 진로 목표를 수립할 수 있다. 이 활동은 내담자가 자기 주도적으로 진로를 개척해 나가는 데 필요한 내적 동기와 욕구, 그리고 직업선택 기준을 명확히 하는 데 도움이 될 것이다.

💡 가치 선택

◆ 가치카드를 살펴보며, 직업을 통해 이루고 싶은 가치 항목을 5개 선택한다.

◆ 선택한 가치 항목이 자신에게 어떤 의미인지, 그 가치를 선택한 이유에 대해 생각해 본다.

"가치카드를 활용하여 여러분이 직업을 통해 이루고자 하는 가치를 탐색하는 시간을 갖도록 하겠습니다."

"먼저 가치카드를 잘 살펴보면서 직업을 통해 이루고 싶은 가치 항목을 5개 선택해 주세요. 선택할 때는 각 가치 항목이 자신에게 어떤 의미이고, 그 가치를 추구하는 이유가 무엇인지 깊이 생각해 보세요."

가치 우선순위 설정

◆ 선택한 5개의 가치 항목 중에서 가장 이루고 싶은 것부터 순서대로 배치한다.

◆ 우선순위 설정 시 자신의 인생관, 직업관, 성취하고 싶은 목표 등을 고려한다.

"선택한 5개의 가치 항목 중에서 가장 이루고 싶은 것부터 순서대로 배치해 볼까요? 우선순위를 정할 때는 자신의 인생관과 직업관, 성취하고 싶은 목표 등을 염두에 두면 좋겠어요."

가치별 동기 탐색

◆ 1순위부터 5순위까지 각 가치 항목을 선택한 이유와 동기를 자세히 설명한다.

◆ 해당 가치를 추구함으로써 얻고자 하는 것, 그 가치가 자신의 삶에서 갖는 의미 등을 탐색한다.

"이제 1순위부터 5순위까지 각 가치 항목을 선택한 이유와 동기를 좀 더 자세히 설명해 주실 수 있나요? 해당 가치를 추구함으로써 얻고자 하는 것, 그 가치가 삶에서 갖는 의미 등을 함께 탐색해 봅시다."

⊙ 가치관 정립

◆ 우선순위가 높은 가치 항목을 중심으로, 자신의 직업 선택
기준과 방향성을 정립한다.

◆ 선택한 가치들이 서로 어떤 관련이 있는지, 가치들 간의 공
통점과 차이점은 무엇인지 분석한다.

◆ 직업적 가치관을 바탕으로, 자신의 진로 비전과 목표를 설
정한다.

"이제 우선순위가 높은 가치 항목을 중심으로 직업 선택의 기준과 방향
성을 정립해 보는 것은 어떨까요? 선택한 가치들 간의 관련성, 공통점
과 차이점 등을 분석해 보는 것도 의미가 있을 거예요. 이를 토대로 앞
으로의 진로 비전과 목표를 설정할 수 있습니다."

⊙ 정리 및 피드백

◆ 가치카드 활동을 통해 얻은 깨달음과 배움을 정리한다.

◆ 자신의 직업적 가치관이 명확해진 과정과 그 내용을 돌아
본다.

◆ 가치관에 부합하는 진로 방향과 실천 계획을 세운다.

◆ 상담자는 활동 결과를 바탕으로 피드백과 진로 조언을 제
공한다.

"오늘 활동을 통해 자신의 직업적 가치관이 좀 더 명확해지셨나요? 가치관이 구체화되는 과정과 그 내용을 돌아보면서 어떤 점이 특별히 도움이 되었는지, 새롭게 깨달은 부분은 무엇인가요?"

(내담자의 대답을 경청한 후)

"정립된 가치관을 바탕으로 앞으로 어떤 진로 방향을 설정하고, 어떻게 실천해 나갈 수 있을지 고민해 보시면 좋겠어요. 소중히 여기는 가치를 진로 선택과 발달의 나침반으로 삼아, 보람되고 행복한 직업 생활을 영위하시기를 바랍니다."

집단 활동(선택사항)

◆ 4~6명씩 팀을 구성한다.

◆ 팀원들은 각자 선택한 가치 항목과 우선순위를 공유하고, 그 이유에 대해 이야기를 나눈다.

◆ 서로의 가치관을 비교하고, 공통점과 차이점에 대해 토론한다.

◆ 팀원들은 다양한 관점과 가치관을 이해하고 존중하는 태도를 배운다.

※ 인터넷에서 '가치카드' '직업가치카드' '욕구카드' 등을 검색
  - 여기에서는 '굿잡카드(콘텐츠위드)'를 사용함

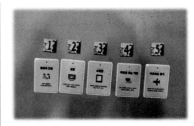

❤ 직업가치카드를 활용한 상담 장면

(4) 감정카드를 활용한 내담자의 정서 탐색

감정카드는 자신의 감정을 이해하고 표현하는 데 도움이 되는 도구이다. 감정에 이름을 부여하고 시각화함으로써 감정에 대한 인식을 높일 수 있다. 또한 감정카드를 매개로 자신의 내면을 탐색하고 타인과 소통하는 과정에서 감정 조절, 감정 표현 및 공감 능력을 기를 수 있다.

⚙ 감정 이해하기

- ◆ 감정카드에 제시된 다양한 감정 어휘를 살펴보며, 각 감정의 의미와 특징을 이해한다.
- ◆ 각 감정이 어떤 상황에서 유발되는지, 그 감정이 자신과 타인에게 미치는 영향을 생각해 본다.

"감정카드를 활용하여 자신의 감정을 이해하는 활동을 해 보도록 하겠습니다. 먼저 감정카드에 제시된 다양한 감정단어나 그림을 살펴보면서 각 감정의 의미와 특징을 생각해 보세요. 그리고 각 감정이 어떤 상황에서 유발되는지, 자신과 타인에게 어떤 영향을 미치는지 생각해 보는 것도 중요합니다."

감정 표현하기

- ◆ 현재 자신의 감정 상태를 가장 잘 나타내는 감정카드를 선택한다.
- ◆ 선택한 감정카드를 바탕으로, 자신의 감정을 언어적으로 표현해 본다. 감정에 이름을 붙여 본다.
- ◆ 감정을 표현할 때는 "나는 ~를 느낀다"와 같은 '나전달법'을 사용하여 주체적으로 표현한다.

"자, 이제 현재 자신의 감정 상태를 가장 잘 나타내는 감정카드를 선택하고, 그 감정을 언어로 표현해 볼까요? 감정을 표현할 때는 '나는 ~해서 ~하게 느낀다'와 같은 방식으로 표현해 보세요."

감정 조절하기

- ◆ 부정적인 감정을 느낄 때, 그 감정을 유발한 상황이나 원인을 감정카드를 통해 객관적으로 바라본다.
- ◆ 부정적 감정을 완화하거나 긍정적 감정을 강화할 수 있는 방법을 감정카드에서 찾아본다.
- ◆ 감정 조절을 위한 구체적인 행동 전략을 세우고 실천한다.

"자신의 감정을 잘 표현해 주셨어요. 만약 부정적인 감정을 느꼈다면, 감정카드를 통해 그 감정을 유발한 상황이나 원인을 좀 더 객관적으로 바라볼 수 있을 거예요. 그리고 감정카드에서 부정적 감정을 완화하거나 긍정적 감정을 강화할 수 있는 방법을 찾아보고, 구체적인 행동 전략을 세워볼 수도 있을 것 같은데 함께 해 볼까요?"

감정 공감하기

- ◆ 상담자의 감정을 이해하고 공감하는 연습을 감정카드로 해 본다.
- ◆ 상담자의 표정, 언어, 행동 등을 관찰하고, 그에 해당하는 감정카드를 찾아본다.
- ◆ 상담자의 감정을 이해하고 수용하는 태도를 갖추며, 적절한 공감 반응을 해 본다.

"이번에는 상대방의 감정을 이해하고 공감하는 연습을 해 볼게요. 저의 표정, 언어, 행동 등을 관찰하고 그에 해당하는 감정카드를 찾아보세요. 그리고 저의 감정을 이해하고 수용하는 태도를 갖추며, 적절한 공감의 말을 해 보는 거예요. '~하니까 ~하게 느꼈을 것 같아요' '~할 때 ~한 기분이 들었나 보네요' 등과 같이 표현해 보세요."

감정 문제 해결하기

- ◆ 감정과 관련된 문제 상황을 감정카드를 활용하여 분석한다.
- ◆ 문제 상황에서 자신과 타인의 감정을 감정카드로 표현하고, 그 감정의 근원을 탐색한다.

◆ 감정 간의 갈등을 조정하고, win-win 해결책을 모색하는
데 감정카드를 활용한다.

💡 감정 성찰하기

◆ 일정 기간 동안 경험한 감정을 감정카드에 기록하고, 패턴
이나 특징을 분석해 본다.

◆ 자신의 감정 반응 습관, 감정 표현 방식, 감정 조절 전략 등
을 성찰한다.

◆ 감정카드를 통해 바람직한 감정 대처 방안을 학습하고 내
재화한다.

◈ 정리 및 피드백

◆ 감정카드 활동을 통해 배운 점, 깨달은 점, 새로운 발견 등
을 정리한다.

◆ 상담자는 감정카드 활동 과정을 피드백한다.

◆ 감정카드 활동의 내용을 일상에 적용하고 지속하는 계획을
세운다.

> "오늘 활동을 통해 감정에 대해 새롭게 알게 된 것은 무엇인가요? 감
> 정카드를 활용하면서 감정을 이해하고 다루는 유용한 기술들도 연습해
> 보셨을 겁니다. 이 활동에서 연습하신 것을 일상생활에서도 많이 활용
> 하시기 바랍니다."

◈ 집단 활동(선택사항)

- ◆ 4~6명씩 팀을 구성한다.
- ◆ 팀원들이 최근 경험한 감정을 떠올리며, 그 감정을 나타내는 감정카드를 선택한다.
- ◆ 선택한 감정카드를 바탕으로, 자신의 감정을 언어적, 비언어적으로 표현한다.
- ◆ 팀원들은 말하는 사람의 감정을 공감하고, 적절한 감정카드를 선택하여 반영한다.
- ◆ 2명씩 짝을 지어서 활동할 수도 있다.

> ※ 인터넷에서 '감정카드'나 '공감카드' 등을 검색
> – 여기에서는 '감정카드((주)인싸이트)'와 '마음을 풀어봐 게임카드 (아동청소년심리치료연구소 맑음)'를 사용함

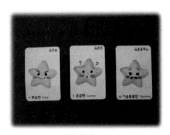

감정카드   마음을 풀어봐 게임카드

💟 감정카드를 활용한 상담 장면

(5) 대화카드를 활용한 의사소통 기술 향상

대화카드 활동은 팀원들이 서로에 대해 더 깊이 알아가고, 친밀감을 쌓을 수 있는 기회를 제공한다. 다양한 질문을 통해 팀원들의 생각, 경험, 가치관 등을 공유하며, 상호 이해의 폭을 넓힐 수 있다. 또한 경청, 공감, 자기 개방 등의 대화 기술을 연습할 수 있다. 이 활동은 팀 빌딩, 의사소통 훈련, 갈등 해소 등의 목적으로 활용될 수 있으며, 팀의 협력과 시너지를 높이는 데 도움이 된다.

◈ 팀 구성 및 카드 배분하기

- ◆ 4~6명씩 팀을 구성한다.
- ◆ 팀원들은 원형 또는 편안한 좌석 배치를 하여 서로 잘 볼 수 있도록 한다.
- ◆ 대화카드를 잘 섞어 더미를 만들고, 팀원들이 볼 수 있는 곳에 놓는다.
- ◆ 팀원들은 각자 카드 더미에서 1장씩 가져가되, 카드 내용을 보지 않고 엎어서 놓는다.

> "이번 시간에는 대화카드를 활용하여 팀원들 간의 소통과 관계 향상을 도모하는 활동을 해 보도록 하겠습니다. 먼저 4~6명씩 팀을 구성해 주시고, 팀원들이 서로 잘 볼 수 있도록 원형 또는 편안한 좌석 배치를 해 주세요. 그리고 대화카드를 잘 섞어 더미를 만들어 팀원들 가운데에 놓아주시되, 카드 내용은 보지 않고 엎어서 놓습니다."

◈ 자기 차례에 질문하고 답하기

- ◆ 시계 방향 또는 반시계 방향으로 돌아가며 각자 자신의 차

레가 되면 카드 더미에서 카드를 가져온다.

◆ 카드에 적힌 질문을 크게 읽고, 그 질문에 대한 자신의 답을 구체적으로 이야기한다.

◆ 팀원들은 답변자의 이야기를 경청하고, 적절한 반응(추가 질문, 공감, 격려 등)을 해 준다.

> "자, 이제 시계 방향 또는 반시계 방향으로 돌아가면서 각자 자신의 차례가 되면 카드를 가져와서 카드에 적힌 질문을 크게 읽어 보세요. 그리고 그 질문에 대한 자신의 답을 구체적으로 이야기해 주면 됩니다."
> "이때 팀원들은 답변자의 이야기를 끝까지 귀담아 듣고, 추가 질문이나 공감, 격려의 말을 건네주면 좋겠네요. 답변자는 팀원들의 반응에 따라 자신의 생각과 경험을 좀 더 구체적으로 나눠 주세요."

◈ 익숙해지면 질문 주고받기

◆ 한 바퀴 돌고 난 후(모든 팀원들이 한 번씩 질문카드를 선택한 활동을 하였다면), 그다음부터 게임 방식을 변경한다. 팀원이 카드를 선택한 후 질문에 답을 한 다음, 카드에 적혀 있는 질문의 답을 듣고 싶은 팀원에게 카드를 주며 답변을 요청하는 방식으로 변경한다.

◆ 질문을 받은 팀원은 그 질문에 대한 자신의 생각이나 경험을 구체적으로 이야기한다.

◆ 이런 식으로 질문 카드를 주고받으며, 팀원들 간에 활발한 대화를 이어간다.

활동 마무리하기

- ◆ 모든 팀원이 골고루 질문하고 답변하는 과정을 가질 수 있도록 시간을 관리한다.
- ◆ 활동을 마무리하며, 팀원들은 활동 소감과 배운 점을 나눈다.
- ◆ 서로에 대한 이해가 깊어진 점, 인상 깊었던 답변, 더 알고 싶은 점 등을 자유롭게 이야기한다.

정리 및 피드백

- ◆ 대화카드 활동을 통해 팀의 의사소통이 어떻게 개선되었는지 살펴본다.
- ◆ 효과적인 질문, 경청, 자기 개방 등의 요소가 대화에 어떤 영향을 주었는지 파악한다.
- ◆ 활동에서 배운 점으로 향후 팀 의사소통과 관계 형성에 적용할 방안을 모색한다.

◆ 활동 진행자는 팀원들의 참여도, 상호작용, 대화 기술 등에 대해 피드백을 제공한다.

"오늘 활동 내내 팀원 모두가 적극적으로 참여해 주셨네요. 팀원들끼리 서로 친밀해진 것 같기도 하고 분위기도 더 편안해지고 화기애애해진 것 같아요."

 ※ 인터넷에서 '대화카드' '의사소통카드' '마인드업카드' 등을 검색
 – 여기에서는 '커뮤니케이션카드((주)프레디져)'를 사용함

💙 대화카드를 활용한 상담 장면

(6) 격려카드를 활용한 내담자 지지와 동기부여

격려카드 활동은 '장점폭격', '칭찬 릴레이' 등 긍정적 피드백 활동의 일환으로, 카드를 통해서 팀원들 간의 활발한 격려와 지지를 촉진할 수 있다. 격려를 주고받는 과정에서 자연스럽게 서로의 강점과 장점을 알아가고, 긍정적인 관계를 형성할 수 있다. 또한 개인적으로 힘이 되는 문구를 직접 선택하고 전달받는 경험은 자존감 향상과 동기부여에 도움이 된다. 이 활동은 팀 빌딩, 긍정 심리 증진, 의사소통 훈련 등 다양한 맥락에서 활용될 수 있다.

팀 구성 및 카드 선택하기

- ◆ 4~6명씩 팀을 구성한다.
- ◆ 팀원들은 서로 격려하고 지지할 수 있는 분위기를 조성한다.
- ◆ '힘이 되는 문구'가 적힌 격려카드를 테이블에 펼쳐놓는다.
- ◆ 각자 자신이 듣고 싶은 격려의 말이 적힌 카드 2장을 선택한다.
- ◆ 팀원별로 해 주고 싶은 격려의 말이 적힌 카드를 1장씩 선택한다.
- ◆ 선택하고 남은 카드는 상자에 담아 둔다.

"여러분, 오늘은 격려카드를 활용하여 서로를 지지하고 동기를 부여하는 특별한 시간을 가져보겠습니다. 이 활동을 통해 팀원들 간의 유대감을 강화하고, 서로의 강점과 장점을 발견하는 기회가 될 거예요. 먼저 4~6명씩 팀을 구성해 주세요. 팀원들끼리 서로 격려하고 지지할 수 있는 따뜻한 분위기를 만들어 주시기 바랍니다."
"자, 이제 테이블 위에 '힘이 되는 문구'가 적힌 격려카드를 펼쳐놓겠습니다. 각자 자신이 듣고 싶은 격려의 말이 적힌 카드 2장과, 팀원들에게 해 주고 싶은 격려의 말이 적힌 카드를 팀원별로 1장씩 선택해 주세요."

주인공 정하기

- ◆ 팀원 중 한 사람을 첫 번째 주인공으로 정한다.
- ◆ 주인공은 자신이 선택한 '듣고 싶은 말' 카드 2장을 공개하고, 그 이유를 설명한다.

"이제 팀원 중 한 분을 첫 번째 주인공으로 정해 주세요. 주인공은 자신이 선택한 '듣고 싶은 말' 카드 2장을 공개하고, 왜 그 카드를 선택했는지 이유를 설명해 주세요."

💡 격려 릴레이하기

주인공을 제외한 팀원들은 주인공에게 해 주고 싶은 격려의 말이 적힌 카드의 문구를 크게 읽어 주며, 주인공에게 전달한다.
- 주인공은 팀원들에게 받은 카드 중에서 가장 마음에 드는 문구를 선택하고, 선택 이유를 말한다.

"다음으로, 주인공을 제외한 팀원들은 주인공에게 해 주고 싶은 격려의 말이 적힌 카드를 전달해 주세요. 카드의 문구를 크게 읽어 주면서 진심을 담아 전달해 주시면 좋겠습니다."

(격려카드 전달이 끝난 후)

"주인공은 팀원들에게 받은 카드 중에서 가장 마음에 드는 문구를 선택하고, 왜 그 문구가 특별히 와닿았는지 이야기해 주세요."

💡 주인공 바꾸기

- 시계 방향으로 주인공을 바꿔가며, 모든 팀원이 주인공이 될 수 있도록 진행한다.

"이제 시계 방향으로 주인공을 바꿔가며, 모든 팀원이 주인공이 될 수 있도록 진행해 주세요. 각 주인공마다 이 과정을 반복합니다."

Part 1

진로상담을 위한
상담도구의 활용

2. 상담카드를 활용한 진로상담 49

◆ 모든 팀원이 주인공을 경험한 후, 활동 소감을 나눈다.

◆ 격려카드를 주고받으며 느낀 점, 새롭게 알게 된 점 등을 이야기한다.

◆ 격려와 지지의 힘을 일상에서도 이어갈 것을 다짐한다.

(모든 팀원이 주인공을 경험한 후)

"이제 활동을 마무리하면서 소감을 나눠볼까요? 격려카드를 주고받으며 어떤 점을 느끼셨나요? 팀원들에 대해 새롭게 알게 된 점이 있다면 무엇인가요?"

(팀원들의 소감을 경청한 후)

"오늘 활동을 통해 서로를 격려하고 지지하는 말의 힘을 직접 체험하셨을 거예요. 이런 긍정적인 소통으로 인해 팀원들이 더 친밀해지고, 개인적으로도 자존감과 동기부여에 큰 도움이 되었을 거라고 기대합니다."

※ 인터넷에서 '격려카드' '자존감카드' '마인드업카드' 등을 검색
  - 여기에서는 '굿톡카드(콘텐츠 위드)'를 사용함

● 격려카드를 활용한 상담 장면

3. 시각적 도구를 활용한 진로상담

1) 시각적 도구 활용의 개요

시각 매체는 진로상담에서 내담자의 자기 탐색과 표현을 촉진하는 효과적인 도구이다. 이러한 매체는 내담자의 감정, 경험, 가치관 등 내적 세계를 시각적으로 나타내어 언어로 표현하기 어려운 부분까지 드러낼 수 있다. 또한 내담자의 상상력과 창의성을 자극하여 진로 탐색의 폭을 넓히는 데 도움을 준다.

사진, 그림, 엽서를 활용한 진로상담에서는 내담자가 자신의 과거, 현재, 미래의 모습을 이미지로 표현해 볼 수 있다. 내담자에게 의미 있는 사진을 선택하고 그 이유를 나누는 과정에서 자기 이해가 깊어질 수 있다. 또한 이상적인 직업 생활과 삶의 모습을 이미지로 구현해 보는 활동은 내담자의 진로 목표를 구체화하고 동기를 강화하는 데 효과적이다.

사진, 그림, 엽서는 개인 및 집단 상담 장면에서 모두 유용하게 쓰일 수 있다. 내담자가 선택한 매체에 대해 집단 구성원들이 자유롭게 의견을 나누는 과정에서 서로의 관점에 대한 이해의 폭이 넓어질 수 있다. 타인과의 상호작용을 통해 내담자는 새로운 통찰과 동기를 얻을 수 있다.

상담자는 내담자의 특성에 맞는 시각 매체를 다양하게 준비하고, 매체에 대한 내담자의 반응에 공감적으로 접근할 필요가 있다. 내담자의 자발적 표현을 격려하고, 함께 의미를 구성해 가는 과정을 중시해야 한다. 이를 통해 내담자에 대한 이해를 심화하고 진로문제의 해결책을 모색하는 데 기여할 수 있다.

사진, 그림, 엽서와 같은 시각 매체는 진로상담 과정에 창의성과 역동성을 불어넣는다. 내담자의 잠재력과 강점을 발견하고, 내담자 중심의 탐색을 이끄는 소중한 도구로 활용되길 기대한다.

2) 시각적 도구 활용의 장점

진로상담 과정에서 사진, 그림, 카드 등의 시각적 도구를 활용하는 것은 여러 가지 장점을 가진다. 시각적 도구는 내담자의 흥미와 참여를 높이고, 자기 탐색과 표현을 촉진하며, 상담 과정에 역동성을 부여한다.

⊛ 내담자의 흥미와 참여 증진

- ◆ 시각적 도구는 내담자의 주의를 집중시키고 상담 활동에 대한 흥미를 유발한다.
- ◆ 일반적인 질문과 대화로 진행되는 상담에 비해, 사진이나 그림 등 시각 매체를 활용할 때 내담자의 관심과 호기심이 자극된다.
- ◆ 내담자의 능동적인 참여를 이끌어 내고 상담 과정에 대한 몰입도를 높이는 데 기여한다.

⊛ 자기 탐색 및 표현 촉진

- ◆ 언어로 표현하기 어려운 생각과 감정을 시각적으로 나타내는 과정에서 내담자는 자신에 대한 이해의 폭을 넓힐 수 있다.

◆ 사진이나 그림으로 표현된 자신의 경험과 가치관을 바라보며 내담자는 새로운 통찰을 얻고 자아 인식을 심화할 수 있다.

창의적 사고와 표현력 신장

◆ 진로와 관련된 추상적 개념과 미래의 모습을 시각적으로 구현하는 작업은 확산적 사고를 자극한다.

◆ 내담자는 자신의 생각을 자유롭고 창의적으로 표현하는 경험을 통해 진로 탐색의 폭을 넓힐 수 있다.

효과적인 진로정보 탐색 도구

◆ 직업 사진이나 동영상, 대학 홍보 책자의 이미지 등을 활용하여 내담자에게 다양한 진로 선택지를 소개할 수 있다.

◆ 정보의 시각화는 내담자의 이해와 기억을 돕고, 진로 대안 탐색에 대한 동기를 부여한다.

의사소통 활성화

◆ 같은 사진이나 그림을 바라보며 서로의 생각과 느낌을 공유하는 과정에서 공감적 이해가 촉진된다.

◆ 시각 매체는 내담자와 상담자가 진로문제에 대해 열린 자세로 소통하고 협력적으로 해결책을 모색하도록 돕는다.

상담 과정에 역동성 부여

◆ 기존의 언어 중심 상담에서 벗어나 창의적이고 혁신적인 접근을 시도함으로써 내담자의 동기와 기대감이 높아질 수

있다.

◆ 이는 진로상담의 전반적인 효과성 향상으로 이어질 수
  있다.

3) 시각적 도구 활용 시 유의점

진로상담에서 시각적 도구를 활용할 때는 몇 가지 주의할 점이
있다. 우선 내담자의 특성과 요구에 부합하는 도구를 선정하되, 도
구의 목적과 활용 방법을 내담자에게 명확히 안내해야 한다. 이는
내담자가 도구 탐색의 방향을 이해하고 적극적으로 참여할 수 있게
하는 데 도움이 된다.

◈ 내담자의 주체적 탐색 격려

◆ 도구를 제시할 때는 내담자 스스로 도구를 탐색하고 해석
  하며 개인적 의미를 부여할 수 있도록 격려해야 한다.

◆ 개방적 질문과 적극적 경청을 통해 내담자의 주체적인 자
  기 탐색을 촉진하는 것이 중요하다.

◆ 이 과정에서 내담자의 언어적, 비언어적 반응을 민감하게
  관찰하여 도구가 내담자에게 미치는 영향을 파악해야 한다.

◈ 진로와의 연계성 강화

◆ 내담자가 시각적 도구 탐색을 통해 표현한 생각, 느낌, 가
  치관 등을 진로와 연결짓는 작업이 필수적이다.

◆ 도구 탐색에서 도출된 내용이 내담자의 진로 방향 설정, 의
  사결정, 계획 수립 등에 어떤 함의를 갖는지 내담자와 구체

적으로 논의해야 한다.

◆ 이를 통해 도구 활용의 실효성을 높일 수 있다.

현실적 진로 비전 수립 지원

◆ 시각적 도구가 대안적 사고와 가능성 탐색을 자극할 수 있으나, 지나치게 비현실적인 기대를 낳을 수 있음에 주의해야 한다.

◆ 내담자가 도구에서 영감을 얻되 현실적 제약을 고려하여 균형 잡힌 진로 비전을 세울 수 있도록 조력해야 한다.

정서적 경험에 대한 수용과 지지

◆ 시각적 도구가 내담자의 강렬한 정서를 촉발할 수 있음을 감안하여, 내담자의 정서적 경험을 수용하고 지지하는 것이 필요하다.

◆ 내담자가 자신의 정서를 안전하게 표현하고 탐색할 수 있는 공간을 마련해 주어야 한다.

도구의 보조적 역할 인식

◆ 시각적 도구는 진로상담에 역동성과 창의성을 불어넣는 효과적인 도구이지만, 그 자체가 상담의 목적이 되어서는 안된다.

◆ 상담자는 내담자의 특성과 상황에 대한 깊이 있는 이해를 바탕으로 시각적 도구를 선별해야 한다.

◆ 내담자의 진로 발달과 성장을 돕는 방향으로 도구를 활용하는 지혜를 발휘해야 한다.

전문적 자세 유지

◆ 상담자는 내담자와의 공감적 소통을 토대로 시각 도구의 잠재력을 진로상담의 맥락에서 섬세하게 구현해야 한다.

◆ 이를 위해 상담자의 전문적 자세가 요구되며, 도구 활용에 있어 균형 잡힌 접근이 필요하다.

4) 일반적 진행방법

사진(그림)을 활용한 진로상담은 다양한 연령의 내담자에게 효과적으로 적용할 수 있다. 이를 통해 내담자의 진로결정을 지원하고, 미래에 대한 방향 설정을 돕는 데 유용하다.

사진(그림)을 활용한 진로상담의 일반적 진행방법은 다음과 같다.

 ① 사진(그림) 선택

먼저 내담자가 다양한 진로 주제와 상황을 나타내는 사진이나 그림들 중에서 자신에게 가장 관심 있는 것을 선택하도록 한다. 이를 통해 내담자의 관심사와 우선순위를 파악할 수 있다.

> **사진(그림) 선택을 위한 질문**
> - 어떤 이미지가 가장 눈에 띄었나요?
> - 선택한 이미지와 관련해서 어떤 이야기가 떠오르나요?
> - 이 이미지가 왜 당신에게 중요하다고 느껴지나요?
> - 선택한 이미지가 당신의 현재 진로에 어떤 영향을 미칠 수 있을까요?
> - 이 이미지가 나타내는 감정을 설명해 볼까요?

② 이미지 분석

선택한 사진이나 그림을 통해 내담자의 감정, 경험, 진로 관련 아이디어 등을 탐색한다. 상담자는 내담자가 이미지에 대해 어떻게 느끼고 있는지 파악하고, 그 감정을 더욱 명확히 표현하도록 돕는다.

🗨 이미지 분석을 위한 질문

- 선택한 이미지에 어떤 감정이 더해져 있을 것 같나요?
- 이 이미지와 관련된 경험 또는 기억이 있나요?
- 이미지에 담긴 메시지나 이야기를 해석해 볼 수 있을까요?
- 선택한 이미지가 어떤 가치나 중요성을 가질 수 있을까요?
- 이 이미지가 당신의 진로 선택에 어떤 인사이트를 제공할 수 있을까요?

③ 자유로운 토론

이미지 분석을 기반으로 내담자와 자유롭게 토론을 진행한다. 내담자는 자신의 감정과 생각을 나누며, 진로 선택과 관련된 주제를 논의한다. 상담자는 내담자의 발언을 존중하고, 깊이 있는 토론을 이끌어 낸다.

🗨 자유로운 토론을 위한 질문

- 이 이미지와 관련해서 어떤 생각이 떠오르나요?
- 이미지를 통해 어떤 진로 관련 주제에 대해 논의하고 싶으신가요?
- 이 이미지가 당신의 진로에 어떤 영향을 미칠 수 있을까요?
- 다른 이미지와 비교했을 때, 이 이미지가 어떻게 다른가요?
- 당신이 이 이미지를 통해 느끼는 감정을 공유해 주실 수 있나요?

④ 진로결정 지원

마지막으로, 내담자가 얻은 통찰을 토대로 진로결정을 내릴 수 있도록 돕는다. 상담자는 내담자가 자신의 목표와 계획을 설정하도록 돕는다.

❓💬 진로결정 지원을 위한 질문

- 이 이미지와 관련해서 어떤 진로 옵션을 고려해 볼 만하다고 생각하시나요?
- 이 이미지에서 얻은 통찰을 바탕으로 어떤 진로 계획을 세우고 싶으신가요?
- 이미지를 통해 떠오른 아이디어 중 어떤 것이 가장 흥미로워 보이나요?
- 당신의 목표와 계획을 설정할 때, 이 이미지가 어떻게 도움이 될 수 있을까요?
- 이 이미지를 통해 당신의 진로결정을 지원하기 위해 무엇을 더 알아보고 싶으신가요?

5) 시각적 도구 활용의 실제

사진이나 그림을 활용한 활동은 진로상담에서 내담자의 시각적 사고를 자극하고, 창의적 탐색을 촉진하는 효과적인 개입 방법이다. 자기 이해, 직업 탐색, 진로 의사결정 등 진로 발달의 주요 영역을 시각적 매체를 통해 다룰 수 있으며, 내담자의 적극적인 참여와 흥미를 이끌어 낼 수 있다. 또한 집단 활동을 통해 진로 정보와 경험을 공유하고, 서로의 진로 발달을 지원하는 환경을 조성할 수 있다. 사진이나 그림은 진로상담에서 내담자의 자기 탐색과 진로 설계를 돕는 유용한 도구로 활용될 수 있다.

⊙ 직업 탐색하기

◆ 다양한 사진이나 그림을 살펴보며, 자신이 흥미를 느끼는 이미지를 선택한다.

◆ 선택한 이미지에 대해 연상되는 업무, 가치, 라이프스타일 등을 자유롭게 탐색한다.

◆ 이미지를 통해 자신의 직업적 선호와 직업가치를 이해하고, 진로 방향성을 모색한다.

"자, 이제 테이블 위의 다양한 사진들을 살펴봐 주세요. 여러분의 관심을 끄는 이미지들을 선택해 주세요."
"선택한 이미지를 자세히 보면서, 그 이미지와 어울리는 직업은 무엇인지, 어떤 업무를 하게 될지, 어떤 가치가 중요할지, 그리고 어떤 라이프스타일을 가질 수 있을지 상상해 보세요."
"이 과정을 통해 여러분이 어떤 일을 선호하고, 어떤 가치를 중요하게 여기는지 알 수 있을 거예요. 이를 바탕으로 앞으로의 진로 방향을 생각해 보는 시간을 가져봅시다."

◈ 진로 비전 만들기

- ◆ 자신의 이상적인 직업 생활, 성취하고 싶은 목표를 나타내는 사진이나 그림을 선택하거나 직접 그린다.
- ◆ 진로 비전 이미지를 구체적으로 묘사하고, 실현을 위한 계획과 실천 과제를 설정한다.
- ◆ 진로 비전 이미지를 통해 동기를 부여받고, 진로 준비에 대한 의지를 다진다.

"이번에는 여러분의 진로 비전을 만들어 보겠습니다. 먼저, 여러분이 꿈꾸는 이상적인 직업 생활이나 이루고 싶은 목표를 떠올려 보세요. 그것을 잘 나타내는 사진이나 그림을 선택하거나, 직접 그려 보세요."
"이제 그 이미지를 자세히 묘사해 보세요. 그 모습을 실현하기 위해 어떤 계획이 필요할까요? 구체적인 실천 과제들도 함께 생각해 봅시다."
"이 비전 이미지를 보면서 여러분의 꿈을 향한 동기와 의지를 다져 보세요. 이 이미지가 여러분의 진로 준비에 힘이 되길 바랍니다."

◈ 진로 장벽 극복하기

- ◆ 진로 목표 달성을 가로막는 장애물이나 어려움을 사진이나 그림으로 표현한다.
- ◆ 장벽 이미지를 통해 진로 발달 과정에서 예상되는 도전과 과제를 구체화한다.

◆ 장벽을 극복하기 위한 자원, 전략, 대안 등을 시각적으로 모색하고 실천 계획을 세운다.

"자, 이제 여러분의 진로 목표 달성을 가로막을 수 있는 장애물이나 어려움에 대해 생각해 봅시다. 이런 진로 장벽을 사진이나 그림으로 표현해 보세요. 구체적인 이미지를 통해 여러분이 앞으로 마주할 수 있는 도전과 과제를 더 명확히 인식할 수 있을 거예요."

"그다음, 이 장벽을 어떻게 극복할 수 있을지 고민해 봅시다. 여러분이 활용할 수 있는 자원은 무엇이 있나요? 어떤 전략을 세울 수 있을까요? 대안은 무엇이 있을까요?"

"이를 바탕으로 구체적인 실천 계획을 세워 보세요. 이 과정이 여러분의 진로 목표 달성에 도움이 되길 바랍니다."

◈ 정리 및 피드백

◆ 사진이나 그림을 활용한 활동을 통해 알게 된 점, 깨달은 점, 새로운 아이디어 등을 나눈다.

◆ 시각적 도구가 진로 탐색과 설계에 어떤 도움이 되었는지 평가하고, 배운 점을 진로 계획에 반영한다.

◆ 서로의 활동 결과와 통찰을 공유하고, 격려와 지지의 피드
백을 나눈다.

"여러분, 지금까지 사진과 그림을 활용한 진로 탐색 활동을 해 보았습
니다. 이 활동을 통해 새롭게 알게 된 점이나 깨달은 점이 있다면 이야
기해 주세요. 혹시 새로운 아이디어가 떠오르셨나요?"
"이런 시각적 도구들이 여러분의 진로를 탐색하고 설계하는 데 어떤 도
움이 되었나요? 특히 도움이 되었던 부분을 진로 계획에 어떻게 반영
할 수 있을지 생각해 봅시다."

 집단 활동(선택사항)

◆ 4~6명씩 팀을 구성하여 사진이나 그림을 보면서 직업 탐
색, 진로 비전 만들기, 진로 장벽 극복하기 등의 활동한다.

※ 사진카드: 인터넷에서 '사진카드' '딕싯' '이야기톡' 등을 검색
  – 여기에서는 '솔라리움카드(순출판사)'를 사용함
※ 사진, 그림, 엽서 등을 모아서 활용해도 좋음

❤ 사진카드를 활용한 상담 장면

4. 인형을 활용한 진로상담

1) 인형 활용 진로상담의 개요

진로상담 장면에서 인형이나 피규어를 활용하는 것은 내담자의 자기 탐색과 표현을 촉진하는 독특하고 효과적인 개입 방식이다. 인형은 내담자가 자신의 감정, 욕구, 가치관 등을 투영하여 안전하게 표현할 수 있는 매개체가 된다. 특히 언어로 자신을 표현하는 것이 어렵거나 불편한 내담자, 자신의 내면을 직접적으로 드러내기를 꺼리는 내담자들에게 인형은 매력적인 자기 표현의 도구가 될 수 있다.

내담자는 자신의 모습, 주변 인물들의 특성과 관계 양상, 희망하는 진로 목표와 가치 등을 인형을 통해 상징적으로 나타낼 수 있다. 다양한 캐릭터와 특성을 지닌 인형들을 제시하고 내담자가 자유롭게 선택하도록 함으로써, 내담자는 무의식적인 수준에서도 자신과 진로에 대한 인식을 드러내게 된다.

또한 인형은 진로 고민과 준비 과정에서 내담자가 경험할 수 있는 다양한 상황과 역할을 간접적으로 시연해 볼 수 있는 기회를 제공한다. 인형을 활용한 역할연기와 상호작용은 내담자가 진로문제에 대처하는 방식을 탐색하고, 의사소통 및 문제해결 기술을 연습하는 데 도움이 된다.

인형이라는 상징물을 통해 내담자는 자신에 대한 이해의 폭을 넓히고, 새로운 관점과 가능성을 발견할 수 있다. 나아가 내담자가 바라는 변화와 성장의 모습을 인형으로 구체화함으로써 진로 발달의 방향성을 보다 명확히 인식하게 된다.

　인형은 내담자의 심리적 방어를 낮추고 자기 개방을 촉진하여 진로상담 과정에 역동성과 깊이를 더해 준다. 상담자는 내담자가 인형과 안전한 관계를 형성하며 자신을 자연스럽게 표현할 수 있도록 수용적인 분위기를 조성해야 한다. 아울러 내담자가 인형을 통해 표현한 내용의 상징적 의미를 민감하게 읽어내고 공감적으로 반영하는 것이 중요하다.

　진로상담에서 인형은 내담자의 내면세계를 탐험하고 이해하기 위한 유용한 도구이자 동반자로 기능한다. 상담목표와 내담자 특성에 맞게 인형 활용을 적절히 설계하고 운영한다면, 보다 창의적이고 유익한 진로상담 경험을 제공할 수 있을 것이다.

2) 인형 활용의 장점

인형을 활용한 진로상담은 내담자로 하여금 자신의 진로를 개방적이고 창의적으로 탐색하게 하며, 상호작용과 통찰을 증진시킨다. 또한 진로결정 과정을 보다 의미 있고 효과적으로 돕는 중요한 방법 중 하나로, 내담자가 진로에 대한 이해를 높이고 미래 방향을 명확히 하는 데 기여한다. 인형을 진로상담에 활용하면 다음과 같은 장점이 있다.

⊕ 상징적 의미 활동

- ◆ 인형은 상징적 의미를 지닐 수 있다.
- ◆ 내담자는 선택한 인형을 통해 자신의 내적 고민이나 진로 관련 욕구를 시각화할 수 있다.
- ◆ 이는 진로에 대한 보다 깊이 있는 통찰과 이해를 가능케 한다.

⊕ 안전기지 제공

- ◆ 인형은 내담자에게 심리적 안정감과 편안함을 제공한다.
- ◆ 내담자는 인형을 매개로 자신의 생각과 감정을 자유롭고 개방적으로 표현할 수 있다.

⊕ 창의성 자극

- ◆ 인형 활용 활동은 내담자의 창의성과 상상력을 자극한다.
- ◆ 이를 통해 진로에 대한 새로운 아이디어와 관점을 모색할 수 있다.

- 인형을 활용하면 내담자-상담자 간 상호작용이 활발해진다.
- 내담자는 진로에 대한 다양한 시각과 조언을 공유받을 수 있다.
- 이는 내담자의 진로결정을 효과적으로 지원하는 데 기여한다.

◉ 치료적 기능

- 인형은 투사, 승화 등의 치료적 기능을 발휘할 수 있다.
- 내담자는 인형을 통해 자신의 심리적 갈등이나 방어기제를 완화시킬 수 있다.

3) 인형 활용 시 유의점

인형을 활용한 진로상담은 내담자의 내면 탐색과 자기표현을 촉진하는 효과적인 방법이지만, 그 효과를 극대화하고 상담의 목적을 달성하기 위해서는 몇 가지 중요한 유의사항을 고려해야 한다. 상담자는 다음의 유의점들을 숙지하고 실천함으로써 인형을 통한 진로상담의 질을 높이고 내담자의 진로발달을 효과적으로 지원할 수 있을 것이다.

◉ 다양한 인형 준비 및 내담자 특성 고려

- 내담자의 특성과 선호에 맞는 다양한 유형의 인형을 준비해야 한다.

◆ 이를 통해 내담자가 인형에 공감하고 자신을 투영할 수 있도록 해야 한다.

라포 형성 및 활동 안내

◆ 인형 활동에 앞서 내담자와 충분한 라포를 형성해야 한다.
◆ 활동의 목적과 방법에 대해 분명히 설명하여 내담자가 자연스럽고 편안하게 참여할 수 있도록 해야 한다.

활동 후 반응 탐색 및 피드백 제공

◆ 인형 활동을 마친 후 내담자가 경험한 반응과 느낌을 충분히 탐색하고 공감해 주어야 한다.
◆ 내담자의 표현과 통찰을 민감하게 읽어내고 적절한 피드백을 제공하여 깨달음을 내면화할 수 있도록 돕는다.

역할 몰입 어려움에 대한 개입

◆ 내담자가 역할 몰입에 어려움을 겪는 경우, 상담자는 내담자의 상황을 세심히 파악하여 적절히 개입해야 한다.
◆ 구체적인 지침을 제공하거나 상담자가 먼저 시범을 보이는 것도 도움이 될 수 있다.

실제 진로 설계와의 연결

◆ 인형 활동에서 도출된 내용을 내담자의 실제 진로 설계와 연결 짓는 작업이 필수적이다.
◆ 내담자가 표현한 욕구, 가치관, 목표 등을 진로 선택과 준비의 맥락에서 구체적으로 해석해야 한다.

◆ 이를 실천으로 옮길 수 있는 방안을 내담자와 함께 모색해야 한다.

잠재력과 독특성 반영

◆ 인형을 통해 표현된 내담자의 잠재력과 독특성을 진로 발달에 적극적으로 반영해야 한다.

◆ 이를 통해 내담자 자신만의 의미 있는 진로를 만들어 가도록 지원할 수 있다.

4) 인형 활용의 실제

인형을 활용한 면담은 진로상담에서 매우 유용하게 활용될 수 있다. 이는 내담자의 감정과 경험을 보다 생생하고 구체적으로 표현하도록 돕는다. 이를 통해 내담자 중심의 진로상담을 실현할 수 있으며, 특히 언어적 표현이 어려운 내담자나 자신의 감정을 드러내기 어려워하는 내담자에게 효과적으로 활용될 수 있다.

인형을 활용한 진로상담의 일반적인 진행방법은 다음과 같다.

인형을 활용한 면담 방법

- 인형의 선택: 내담자가 자신의 진로 상황을 대변할 수 있는 인형을 선택한다. 내담자는 선택한 인형을 통해 자신의 진로 관련 감정, 경험, 고민 등을 표현할 수 있다.
- 인형을 통한 감정 표현 및 진로결정 토론: 내담자는 인형을 활용하여 자신의 감정을 드러내고, 이를 바탕으로 상담자와 진로결정에 대한 깊이 있는 대화를 진행한다.

- 다양한 진로 시나리오 연기: 인형의 역할을 바꾸어가며 다양한 진로 관련 시나리오와 상황을 연기해 본다. 이를 통해 내담자의 진로 탐색과 의사결정 과정을 지원할 수 있다.
- 인형을 통한 통찰의 진로결정 및 계획에 적용: 인형을 활용한 과정에서 얻은 통찰을 토대로 내담자의 진로결정과 계획 수립을 지원한다.
- 상담자의 이해와 지원: 상담자는 인형을 통해 내담자의 표현을 깊이 있게 이해하고, 이를 바탕으로 진로에 대한 지원과 조언을 제공한다.

⊕ 인형을 활용한 질문기법

인형 선택

- 이 인형을 선택한 이유는 무엇인가요? 어떤 인상을 주나요?
- 이 인형을 통해 어떤 측면이나 인생 경험을 표현하고 싶으신가요?
- 이 인형과 관련된 어떤 이야기가 있나요? 이 인형이 당신과 어떻게 연결되어 있을까요?
- 다른 인형을 선택한다면 어떤 인형을 선택하고 싶으신가요? 그 이유가 있나요?
- 이 인형을 통해 어떤 진로 관련 아이디어나 시각적 메시지를 전달하고 싶으신가요?

- 이 인형을 어떤 역할로 사용하고 싶으신가요? 어떤 상황을 만들어 보고 싶으신가요?
- 이 인형을 통해 어떤 진로 관련 상황을 재현하고자 하나요?
- 인형을 사용하여 당신의 진로에 영향을 미칠 만한 이벤트나 결정을 표현하고 싶으신가요?
- 인형을 사용하여 현재의 진로 상황을 어떻게 표현하고 싶으신가요?
- 인형의 역할을 바꾸어 가면서 다양한 진로 시나리오나 상황을 시뮬레이션하고 싶으신가요?

인형을 통한 다양한 측면 탐색

① 인형과 연결되는 내면 감정과 생각

- 이 인형과 연결되는 감정이나 생각이 있나요? 그것을 자세히 설명해 보세요.
- 이 인형은 어떤 생각(감정)을 하고 있을까요?
- 이 인형은 어떻게 행동할까요?
- 인형의 감정, 생각, 행동, 태도 등이 당신의 진로 선택에 어떤 영향을 미칠까요?
- 현재와 다른 감정을 인형을 통해 표현할 수 있을까요? 그렇다면 그 감정이 어떤 역할을 할까요?
- 인형과의 상호작용을 통해 어떤 통찰을 얻을 수 있을까요?

② 인형과 상호작용을 통한 감정 및 태도

- 이 인형과 상호작용하면서 어떤 진로 관련 아이디어나 해결책이 떠오르나요?
- 인형과의 상호작용을 통해 어떤 진로 주제를 논의하고 싶으신가요? 어떤 면에서 도움이 될까요?
- 인형과의 상호작용을 통해 얻은 통찰을 다른 사람들과 공유하고 싶으신가요?
- 인형을 사용하여 어떤 상황을 시뮬레이션하고자 하나요?
- 상담자와 함께 인형을 통해 진로결정에 대한 역할 연습을 해 보고 싶으신가요?

③ 인형을 통한 자기 인식과 진로결정

- 인형을 통해 얻은 통찰을 토대로 어떤 진로 옵션을 고려해 볼 수 있을까요?
- 인형을 사용하여 표현한 감정이나 이야기를 바탕으로 어떤 진로 계획을 세우고 싶으신가요?
- 인형 활용 면담을 통해 얻은 인사이트를 어떻게 실제 진로결정에 활용하실 수 있을까요?
- 인형과의 상호작용을 통해 어떤 진로와 관련해서 어떤 점을 더 알고 싶으신가요?
- 인형을 통해 나타낸 진로결정에 대한 이야기를 다른 사람들과 공유하고 싶으신가요?

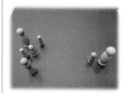

● 인형을 활용한 상담 장면

5. 자연물을 활용한 진로상담

1) 자연물 활용 진로상담의 개요

진로상담에서 돌, 보석, 조개껍질, 나뭇가지, 꽃 등의 자연물을 활용하는 것은 내담자의 자기 탐색과 표현을 촉진하는 창의적인 접근법이 될 수 있다. 이러한 자연물들은 저마다 고유한 색채, 모양, 질감을 지니고 있어 내담자의 감성을 자극하고 무의식적 심상을 불러일으킨다. 내담자는 자연물이 자아내는 상징과 느낌에 공감하며 자신의 내면세계를 투영할 수 있다.

내담자는 다양한 자연물 중에서 자신의 특성, 강점, 가치관, 꿈 등을 나타내는 상징물을 선택하게 된다. 단단하고 오래 지속되는 돌은 내담자의 강인함과 끈기를, 아름답고 섬세한 보석은 내담자의 재능과 독특성을, 조개껍질은 내담자가 지닌 잠재력과 성장 가능성을, 나뭇가지는 진로의 다양한 방향과 선택지를, 꽃은 내담자의 열정과 희망을 의미할 수 있다.

내담자가 자연물을 직접 만지고 탐색하는 감각적 경험은 자기 이해의 깊이를 더해 준다. 돌의 무게와 질감, 보석의 광채, 조개껍질의

결, 나뭇가지의 모양, 꽃의 향기 등을 느끼며 내담자는 자신의 감정과 욕구를 보다 구체적으로 자각하게 된다.

또한 내담자가 자연물로 구성한 작품은 그의 내적 세계와 진로 인식을 상징적으로 보여 준다. 자연물의 배치와 조합 방식, 그것에 부여한 의미 등을 통해 내담자는 자신의 현재 모습, 대인관계 양상, 진로 고민 등을 표현하게 된다. 이는 내담자가 자신의 진로문제를 새로운 시각에서 조망하고 해결책을 모색하는 출발점이 된다.

진로상담자는 자연물이 내포한 상징적 의미를 섬세하게 읽어내어 내담자의 강점과 자원을 발굴하고, 성찰을 심화시키는 토대로 활용할 수 있어야 한다. 내담자가 선택한 자연물이 암시하는 희망과 가능성을 진로 목표 달성의 기반으로 연결지어 줌으로써, 내담자의 동기와 열정을 북돋아 줄 수 있다.

자연물과의 만남은 내담자에게 자신만의 고유한 가치와 방향을 발견하는 소중한 경험이 될 수 있다. 돌, 보석, 조개껍질, 나무가지, 꽃 등 자연물의 본질적 속성에 비추어, 내담자는 진정한 자아를 발견하고 이를 진로에 반영할 수 있는 용기를 얻게 될 것이다. 진로상담 과정에서 자연물은 내담자의 내면을 비추는 거울이자, 잠재된 힘을 일깨우는 촉매제로 기능한다.

2) 자연물 활용의 장점

자연물을 활용한 진로상담은 내담자의 창의성과 자기 탐색을 촉진하고, 심리적 안정감을 제공하여 효과적인 진로 탐색과 설계를 도울 수 있다. 상담자는 내담자의 특성과 상황에 맞는 자연물을 적절히 선택하여 진로상담에 활용할 수 있다. 자연물을 활용한 진로상담은 다음과 같은 장점이 있다.

💡 비언어적 표현 촉진

- ◆ 자연물은 시각적, 촉각적, 운동감각적 요소를 포함하고 있
  어 내담자의 비언어적 표현을 촉진할 수 있다.
- ◆ 언어로 표현하기 어려운 복잡한 감정과 경험을 자연물을
  통해 상징적으로 나타낼 수 있다.

◈ 자기 탐색 심화

- ◆ 자연물은 다양한 은유와 상징을 불러일으킬 수 있어 내담
  자의 자기 탐색을 심화할 수 있다.
- ◆ 자연물을 매개로 자신의 내면을 탐구하는 과정에서 내담자
  는 새로운 자기 이해와 통찰을 경험할 수 있다.

◈ 창의성 및 유연성 증진

- ◆ 자연물은 정해진 용도나 의미가 없기에 내담자의 창의적
  사고를 자극할 수 있다.

◆ 자연물을 자유롭게 조작하고 구성하는 가운데 내담자의 사고의 유연성이 증진될 수 있다.

자연 친화적 경험 제공

◆ 자연물을 다루는 과정은 내담자에게 자연 친화적 경험을 제공할 수 있다.
◆ 자연과의 교감을 통해 내담자는 심리적 안정과 위안을 경험할 수 있다.

3) 자연물 활용 시 유의점

자연물을 활용한 진로상담은 내담자의 내면세계를 풍부하게 표현하고 탐색할 수 있는 창의적인 방법이다. 그러나 이 접근법의 효과를 극대화하고 내담자의 진로 발달을 효과적으로 지원하기 위해서는 다음과 같은 유의사항들을 고려해야 한다.

적합한 자연물 준비

◆ 내담자의 특성과 선호에 적합한 자연물을 다양하게 준비해야 한다.
◆ 연령, 성별, 문화적 배경 등에 따라 자연물에 대한 선호와 해석이 다를 수 있음을 고려해야 한다.

활동 목적과 방법 안내

◆ 자연물 탐색 활동에 앞서 내담자에게 활동의 목적과 방법을 명확히 안내해야 한다.

◆ 내담자가 자연물과 자유롭게 상호작용하며 자기표현을 할 수 있도록 충분한 시간과 공간을 보장해야 한다.

내담자 반응 관찰 및 경청

◆ 자연물에 대한 내담자의 반응과 해석을 주의 깊게 관찰하고 경청해야 한다.

◆ 개방적이고 수용적인 자세로 내담자의 내러티브를 끌어내는 것이 중요하다.

진로탐색과의 연결

◆ 자연물 탐색 과정에서 촉발된 내담자의 정서와 사고를 진로탐색과 연결 짓는 작업이 필요하다.

◆ 내담자가 투영한 욕구, 가치관, 강점 등을 진로 방향 설정과 의사결정에 연결시켜야 한다.

정서적 경험 수용 및 지지

◆ 자연물을 매개로 한 심층적 대화 후에는 내담자의 정서적 경험을 충분히 수용하고 지지해 주어야 한다.

◆ 내담자의 정서를 공감하고 함께 머무르는 것이 자기수용과 성장에 도움이 될 수 있다.

4) 자연물 활용의 실제

자연물을 활용한 면담 기법은 내담자가 선택한 자연물의 의미와 상징성, 그리고 이를 통해 표현하고자 했던 내면의 감정과 생각을 탐색할 수 있다. 이는 내담자의 진로 고민과 선택에 대한 깊이 있는 이해를 돕는 데 도움이 될 것이다. 돌, 보석, 조개껍질, 나뭇가지 등 다양한 자연물을 활용한 면담 기법은 인형과 유사한 방식으로 내담자와 상호작용하고 다양한 진로 관련 주제를 탐구하는 데 사용될 수 있다.

- 선택한 자연물은 어떤 의미나 상징성을 가지고 있다고 생각하나요? 그 의미를 설명해 주세요.
- 이 자연물을 선택한 이유는 무엇인가요? 어떤 감정이나 생각을 나타내고자 했나요?
- 선택한 자연물의 특징 중에서 당신과 닮은 부분이 있다면 어떤 부분인가요? 그 부분이 진로결정에 어떤 영향을 미칠 것 같아요?
- 자연물을 통해 떠오르는 어떤 이야기나 상황이 있나요? 그 이야기가 진로 선택과 어떤 관련이 있을까요?
- 이 자연물과 함께 떠오른 감정이나 생각을 공유하고, 이를 통해 진로에 대한 더 나은 이해를 얻을 수 있을까요?

💬 **조개껍질을 활용한 상담 장면**

진로상담을 위한
질문기법의 활용

Part 2 진로상담을 위한 질문기법의 활용

　진로상담은 개인의 미래를 탐색하고 목표를 설정하는 과정에서 중요한 역할을 한다. 이 장에서는 진로 탐색을 위한 기본 질문, 자기이해와 관심분야 탐색 질문, 강점과 약점 분석을 위한 질문, 가치관 및 목표 설정을 돕는 질문, 그리고 진로준비 및 이행을 위한 점검을 돕는 질문의 주제별로 적절한 질문과 활용 기법을 소개하고자 한다.

　이러한 질문 기법들은 상담자와 내담자 간의 대화를 통해 개인의 내적 동기와 외적 환경을 고려하며 진로에 대한 깊은 이해를 돕는다. 상담자는 적절한 질문을 통해 내담자의 욕구를 파악하고, 개인 맞춤형 진로 탐색과 계획 수립에 도움을 줄 수 있다. 이를 통해 상담자는 내담자가 자신의 관심과 잠재력을 탐색하고, 그에 따라 적절한 진로 선택과 발전을 이룰 수 있도록 지원할 수 있다.

진로상담에서의 질문 목록 활용 Tip

진로상담에서 질문 목록은 내담자의 흥미, 가치관, 성향, 능력 등을 파악하고, 진로결정에 필요한 정보를 얻는 데 유용한 도구이다. 질문 목록을 효과적으로 활용하기 위한 몇 가지 팁은 다음과 같다.

◈ 상담목표에 적합한 질문 선택

질문 목록은 상담목표에 따라 달라질 수 있다. 흥미 탐색, 가치관 탐색, 능력 평가, 직업 정보 수집 등 다양한 목표에 맞춰 질문을 선택해야 한다.

◈ 개별 맞춤형 질문 구성

모든 내담자에게 동일한 질문을 하는 것은 효과적이지 않다. 내담자의 연령, 성별, 학력, 경력, 성향 등을 고려하여 개별 맞춤형 질문을 구성해야 한다.

◈ 답변을 유도하는 질문

"예" 또는 "아니요"로만 답할 수 있는 질문보다는, 답변을 자세히 설명하도록 유도하는 질문을 사용하는 것이 좋다. "어떤 이유에서?" "어떤 경험을 통해?"와 같은 질문을 통해 내담자의 생각과 감정을 자유롭게 표현하도록 돕고, 더 많은 정보를 얻을 수 있다.

◈ 적절한 타이밍

- ◆ 질문을 너무 많이 하거나 연달아 하면 내담자가 부담을 느낄 수 있다.
- ◆ 상담과정에서 자연스럽게 질문을 던지고, 내담자의 답변에 귀 기울이며 질문을 이어나가는 것이 중요하다.

◈ 다양한 질문 유형 활용

- ◆ 개방형 질문, 폐쇄형 질문, 척도형 질문 등 다양한 유형의 질문을 활용하면 상담과정을 더욱 풍부하게 만들 수 있다.

1. 진로 탐색을 위한 기본 질문

진로 탐색은 개인의 미래를 설계하고 목표를 설정하는 과정에서 중요한 단계이다. 이를 위해서는 흥미, 적성, 가치, 성격, 그리고 현실 여건 등 다양한 측면을 고려해야 한다. 다음에서는 각 요인을 탐색하기 위한 질문들을 제시하였다. 요인별로 제시된 질문들을 고려하여 진로 탐색 과정을 진행하면, 개인의 내적 동기와 외적 환경을 더 잘 이해하고 적합한 진로를 선택할 수 있을 것이다.

1) 흥미 탐색

- 어떤 종류의 활동이나 주제가 가장 흥미롭게 느껴지나요?
- 일상 생활에서 즐기는 활동은 무엇인가요?
- 어떤 종류의 책이나 영화를 선호하나요?
- 휴가를 이용해서 하고 싶은 활동이 있나요?
- 누구와 함께 있을 때 가장 편안하게 느끼나요?
- 여가 시간에 가장 많이 하는 것은 무엇인가요?
- 어떤 종류의 이야기를 가장 많이 듣고 싶어하나요?
- 자연 혹은 도시에서 시간을 보내는 것을 선호하나요?
- 어떤 종류의 여행을 가장 선호하나요?
- 과거에 흥미를 느꼈던 활동이나 취미가 있나요?
- 어떤 종류의 문제해결이 가장 재미있게 느껴지나요?
- 미래에 배우고 싶은 새로운 기술이나 분야가 있나요?
- 어떤 종류의 스포츠를 좋아하나요?
- 어떤 종류의 음악이 가장 마음에 드나요?

- 어떤 종류의 공연을 좋아하나요?
- 취미나 관심사가 당신의 일상 생활에 어떻게 영향을 미치나요?
- 어떤 종류의 독서가 가장 즐겁나요?
- 어떤 종류의 사람들과 시간을 보내는 것을 즐기나요?
- 어떤 종류의 요리를 만들고 먹는 것을 즐기나요?
- 어떤 종류의 예술 활동이 가장 매력적으로 다가오나요?
- 어떤 종류의 커뮤니티나 소셜 그룹에 참여하는 것을 선호하나요?
- 당신이 좋아하는 활동을 통해 어떤 가치를 찾나요?
- 당신의 관심사가 미래의 진로에 어떤 영향을 미칠 것 같나요?
- 흥미를 느끼는 것이 당신의 에너지를 어떻게 끌어올리나요?
- 당신의 흥미와 진로 선택 사이에 어떤 관련이 있나요?
- 흥미를 느끼는 것이 당신의 삶에 어떤 새로운 차원을 제공하나요?
- 흥미를 느끼는 것이 당신의 의사결정에 어떤 영향을 미칠 것 같나요?
- 당신의 흥미가 당신의 학습 경험에 어떤 영향을 미쳤나요?
- 당신의 흥미가 당신의 취업 기회에 어떤 영향을 미칠 것 같나요?
- 흥미를 느끼는 것이 당신의 삶에 주는 긍정적인 측면은 무엇인가요?

2) 적성(강점, 재능) 탐색

- 어떤 종류의 작업을 할 때 가장 잘하는 것 같나요?
- 당신이 가장 자신 있는 활동이 무엇인가요?
- 과거에 성공적으로 수행했던 프로젝트가 있나요? 무엇이었나요?
- 당신이 해 본 일 중에서 가장 자신 있는 부분은 무엇인가요?
- 당신을 특별하게 만드는 능력이 있나요? 무엇인가요?
- 어떤 종류의 문제해결이 가장 잘되나요?
- 당신이 다른 사람들보다 뛰어나다고 생각하는 부분은 무엇인가요?
- 당신이 어떤 종류의 활동을 할 때 시간이 어떻게 흐르나요?

- 당신이 가장 자신 있다고 느끼는 분야는 무엇인가요?
- 당신이 가장 자신 있는 기술은 무엇인가요?
- 당신이 자주 받는 칭찬이나 인정은 어떤 것인가요?
- 당신이 진정으로 즐기며 하는 일은 무엇인가요?
- 당신이 일을 할 때 가장 만족스러운 순간은 언제인가요?
- 당신이 해결하는 데 어려움을 겪지 않는 일은 무엇인가요?
- 당신이 주변 사람들로부터 자주 찾는 조언이나 도움은 무엇인가요?
- 당신이 어떤 일을 할 때에는 자신감을 가지고 있나요?
- 당신이 다른 사람들에 비해 더 잘할 수 있는 부분은 무엇인가요?
- 당신이 문제를 해결할 때 가장 자주 사용하는 접근 방식은 무엇인가요?
- 당신이 해결하거나 극복할 수 있는 어려움은 무엇인가요?
- 당신이 도전적인 상황에서도 자신감을 잃지 않는 이유는 무엇인가요?
- 당신의 강점이 당신의 목표에 어떻게 도움이 될 것 같나요?
- 당신이 자주 받는 긍정적인 피드백은 어떤 것인가요?
- 당신이 좋아하는 활동에서는 무엇이 가장 중요한가요?
- 당신이 다른 사람들에게 가르치는 것을 즐기나요? 어떤 주제인가요?
- 당신이 다른 사람들과 함께 일할 때 당신이 담당하게 되는 역할은 무엇인가요?
- 당신이 새로운 도전에 임할 때 가장 먼저 하는 것은 무엇인가요?
- 당신이 달성하고 싶은 목표에 대해 어떻게 계획을 세우나요?
- 당신이 성취한 것 중에서 가장 자랑스러운 것은 무엇인가요?
- 당신의 강점이 당신의 직업적 성공에 어떤 영향을 미칠 것 같나요?
- 당신의 강점이 당신의 일상 생활에 어떤 긍정적인 영향을 미치나요?

3) 가치 탐색

- 당신이 가장 중요하게 생각하는 가치는 무엇인가요?
- 당신의 인생 목표에 대한 가치관은 무엇인가요?
- 당신이 특별히 중요하게 생각하는 가치 중에는 무엇이 있나요?
- 당신의 일상적인 선택에 가장 큰 영향을 미치는 가치는 무엇인가요?
- 당신이 중요하게 생각하는 가치들이 당신의 행동에 어떻게 반영되나요?
- 당신이 좋아하는 사람들과 가장 가치 있게 생각하는 것은 무엇인가요?
- 당신이 일할 때 가장 중요하게 생각하는 가치는 무엇인가요?
- 당신이 가장 중요하게 생각하는 가치에 관해 다른 사람들에게 어떻게 설명하나요?
- 당신이 어떤 가치를 가지고 있을 때 자신감을 가지나요?
- 당신이 가장 중요하게 생각하는 가치가 당신의 삶의 방향을 어떻게 결정하나요?
- 당신이 일상적인 선택을 할 때 가장 중요하게 고려하는 가치는 무엇인가요?
- 당신이 다른 사람들과 가장 중요하게 생각하는 가치에 차이가 있나요?
- 당신이 중요하게 생각하는 가치에 대해 당신의 친구나 가족이 어떻게 생각하나요?
- 당신이 중요하게 생각하는 가치가 당신의 관계에 어떤 영향을 미치나요?
- 당신이 가장 중요하게 생각하는 가치가 당신의 결정에 어떤 영향을 미치나요?
- 당신이 가장 중요하게 생각하는 가치에 대해 다른 사람들과 의견이 다를 때 어떻게 대응하나요?
- 당신이 중요하게 생각하는 가치가 당신의 삶에 주는 긍정적인 영향은 무엇인가요?
- 당신이 중요하게 생각하는 가치에 어떤 일상적인 실천이 포함되어

있나요?

- 당신이 중요하게 생각하는 가치가 당신의 목표를 설정하고 이루는 데 어떤 도움을 주나요?
- 당신이 중요하게 생각하는 가치가 당신의 성공에 어떤 영향을 미칠 것 같나요?
- 당신이 중요하게 생각하는 가치가 당신의 행복에 어떤 영향을 미칠 것 같나요?
- 당신이 중요하게 생각하는 가치가 당신의 건강과 삶의 질에 어떤 영향을 미칠 것 같나요?
- 당신이 중요하게 생각하는 가치가 당신의 대인관계와 소통에 어떤 영향을 미칠 것 같나요?
- 당신이 중요하게 생각하는 가치가 당신의 의사결정에 어떤 영향을 미칠 것 같나요?
- 당신이 중요하게 생각하는 가치가 당신의 삶의 방향과 목표 설정에 어떤 영향을 미칠 것 같나요?
- 당신이 중요하게 생각하는 가치가 당신의 삶의 만족도에 어떤 영향을 미칠 것 같나요?
- 당신이 중요하게 생각하는 가치가 당신의 사회적 책임과 기여에 어떤 영향을 미칠 것 같나요?
- 당신이 중요하게 생각하는 가치가 당신의 삶의 의미와 목적에 어떤 영향을 미칠 것 같나요?
- 당신이 중요하게 생각하는 가치가 당신의 타인과의 관계에 어떤 영향을 미칠 것 같나요?
- 당신이 중요하게 생각하는 가치가 당신의 자아 실현과 성장에 어떤 영향을 미칠 것 같나요?

4) 성격 탐색

- 당신의 성격을 가장 잘 나타내는 단어는 무엇인가요?
- 당신은 주로 어떤 유형의 사람들과 잘 어울리나요?
- 당신의 친구들이나 가족이 당신을 어떤 사람으로 보나요?
- 어떤 종류의 상황에서 당신은 가장 행복하게 느끼나요?
- 당신이 새로운 사람들을 만날 때 주로 하는 행동은 무엇인가요?
- 당신이 스트레스를 받을 때 주로 어떻게 대처하나요?
- 팀 프로젝트에서 당신의 역할은 무엇인가요?
- 당신이 주변 사람들과 의견이 다를 때 어떻게 행동하나요?
- 당신이 대인관계에서 중요하게 생각하는 가치는 무엇인가요?
- 당신이 충분한 휴식을 취하고 있는지 어떻게 알 수 있나요?
- 당신이 특별한 이벤트나 모임에 참석할 때 주로 하는 행동은 무엇인 가요?
- 당신이 다른 사람들에게 어떤 영향을 미치고 싶은가요?
- 당신이 스트레스를 해소하는 방법은 무엇인가요?
- 당신이 행복을 느끼는 순간은 언제인가요?
- 당신이 주변 사람들에게 가장 중요하게 생각하는 특성은 무엇인가요?
- 당신이 자주 하는 생각이나 감정은 무엇인가요?
- 당신이 새로운 상황에 직면할 때 주로 하는 행동은 무엇인가요?
- 당신이 불안을 느낄 때 주변 사람들이 그것을 어떻게 알 수 있나요?
- 당신이 사회적인 모임에서 주로 하는 활동은 무엇인가요?
- 당신이 새로운 도전에 직면했을 때 주로 하는 전략은 무엇인가요?
- 당신이 일을 하는 방식이 다른 사람들과 다를 때 당신은 어떻게 대 처하나요?
- 당신이 새로운 아이디어나 방법을 받아들이는 데 열려 있나요?
- 당신이 의사결정을 할 때 고려하는 가장 중요한 요소는 무엇인가요?
- 당신이 어려운 결정을 내릴 때 주로 하는 절차는 무엇인가요?

- 당신이 일을 하는 방식이나 스타일이 다른 사람들과 어떻게 다른가요?
- 당신이 일을 하는 동안 가장 힘든 순간은 언제인가요?
- 당신이 주변 사람들과의 대화에서 가장 중요하게 생각하는 것은 무엇인가요?
- 당신이 스트레스를 해소하기 위해 자주 하는 활동은 무엇인가요?
- 당신이 주변 사람들과의 관계에서 가장 중요하게 생각하는 것은 무엇인가요?
- 당신이 자주 하는 생각이나 감정이 당신의 행동에 어떤 영향을 미치나요?

5) 현실여건 탐색

- 당신이 원하는 직업이나 분야에 필요한 자격요건을 알고 있나요?
- 당신이 원하는 직업이나 분야에 필요한 학습 경로를 알고 있나요?
- 현재의 학력과 기술이 당신의 진로 목표를 달성하는 데 충분한가요?
- 당신의 현재 위치에서 당신의 진로 목표를 달성하는 데 어떤 도움이 필요한가요?
- 당신이 가진 자원(시간, 돈, 에너지 등)이 당신의 진로 목표를 실현하는 데 충분한가요?
- 당신의 진로 목표를 달성하기 위해 필요한 지원 시스템이 있나요?
- 당신의 진로 목표를 실현하기 위해 필요한 추가 교육이나 훈련이 있나요?
- 당신의 진로 목표를 실현하기 위해 필요한 추가 자격증이나 라이센스가 있나요?
- 당신이 원하는 직업이나 분야에 대한 시장 수요와 공급을 알고 있나요?
- 당신의 진로 목표를 실현하기 위해 필요한 경제적 자유가 있나요?
- 당신이 원하는 직업이나 분야에 대한 현재의 경쟁 상황을 알고 있나요?
- 당신의 현재의 직업 경험이 당신의 진로 목표를 달성하는 데 도움이

되나요?

- 당신이 원하는 직업이나 분야에 대한 채용 과정을 이해하고 있나요?
- 당신의 현재의 삶의 상황이 당신의 진로 목표를 실현하는 데 도움이 되나요?
- 당신이 원하는 직업이나 분야에 대한 미래 전망을 알고 있나요?
- 당신의 진로 목표를 실현하기 위해 필요한 시간을 가지고 있나요?
- 당신의 현재의 위치에서 당신의 진로 목표를 달성하는 데 어떤 장애물이 있나요?
- 당신의 진로 목표를 실현하기 위해 필요한 네트워크가 구축되어 있나요?
- 당신이 현재의 직업이나 분야에서 발전할 수 있는 가능성이 있나요?
- 당신의 현재의 직업이나 분야가 당신의 가치관과 일치하나요?
- 당신의 현재의 직업이나 분야가 당신의 흥미와 일치하나요?
- 당신의 진로 목표를 달성하는 데 필요한 노력과 희생이 당신에게 어떤 의미를 가지나요?
- 당신의 진로 목표를 실현하기 위해 필요한 지식과 기술을 가지고 있나요?
- 당신의 진로 목표를 달성하기 위해 필요한 삶의 변화를 수용할 수 있나요?
- 당신의 진로 목표를 실현하기 위해 필요한 자기 희생을 할 수 있나요?
- 당신의 진로 목표를 실현하기 위해 필요한 사회적 지지를 받고 있나요?
- 당신이 원하는 직업이나 분야에 대한 전문 지식을 가지고 있나요?
- 당신의 현재의 직업이나 분야가 당신의 성장과 발전에 어떤 영향을 미치나요?
- 당신의 진로 목표를 실현하기 위해 필요한 실용적인 조언을 받을 수 있나요?
- 당신의 진로 목표를 실현하기 위해 필요한 사회적 지지를 받고 있나요?

ㄹ. 자기 이해와 관심분야 탐색 질문

- 어떤 활동을 할 때 가장 행복하게 느끼나요?
- 당신이 자주 하는 취미나 관심사가 있나요? 어떤 것인가요?
- 당신을 표현하는 세 가지 단어는 무엇인가요?
- 당신이 어려움을 겪을 때 대처하는 방식은 무엇인가요?
- 당신의 가치관은 무엇인가요? 어떤 원칙을 중요하게 생각하나요?
- 당신이 어떤 업적을 이룬 적이 있나요? 그것은 어떤 경험이었나요?
- 당신의 강점과 약점은 무엇인가요?
- 어떤 상황에서 자신감을 가질 수 있나요?
- 어떤 유형의 사람들과 교류하면 즐거움을 느끼나요?
- 당신의 삶에서 가장 큰 영향을 미친 사건은 무엇인가요?
- 당신이 즐겨 읽는 책, 영화 또는 미디어가 있나요? 그 이유는 무엇인
  가요?
- 당신이 추구하는 목표나 꿈이 있나요? 어떤 것인가요?
- 어떤 종류의 일을 하면 더 큰 만족감을 느낄 것 같나요?
- 당신이 좋아하는 환경이나 장소는 어떤 곳인가요?
- 가장 큰 도전과 어려움은 무엇이었나요? 어떻게 극복했나요?
- 어떤 일을 하면 자신을 가장 나타낼 수 있다고 느끼나요?
- 당신이 관심을 가지고 공부하고 싶은 주제가 있나요?
- 당신이 좋아하는 활동을 통해 어떤 가치를 찾을 수 있나요?
- 당신이 인정받고 싶은 성과나 업적은 무엇인가요?
- 어떤 사람들의 이야기나 경험이 당신에게 영향을 미쳤나요?
- 당신의 성격을 가장 잘 나타내는 동물은 무엇인가요?
- 어떤 일을 할 때 시간 가는 줄 모르나요?
- 당신이 주변 사람들로부터 어떻게 인식되고 싶은가요?
- 당신이 가진 자원과 능력을 어떻게 활용하고 싶은가요?

- 당신이 만족스러운 삶을 살기 위해 필요한 조건은 무엇인가요?
- 어떤 상황에서 창조적이고 혁신적으로 행동할 수 있나요?
- 당신이 관심을 가지고 있는 문제나 사회적 이슈가 있나요?
- 당신이 가장 자주 생각하는 질문은 무엇인가요?
- 어떤 경험이 당신의 가치관을 형성하는 데 영향을 주었나요?
- 당신이 향후 몇 년 동안 이루고 싶은 목표와 계획이 있나요?

3. 강점과 약점 분석을 위한 질문

1) 강점 분석

- 어떤 기술을 가지고 있어서 독특한 능력을 발휘할 수 있나요?
- 당신의 강점 중에서 가장 자신 있는 부분은 무엇인가요?
- 어떤 활동에서 뛰어난 성과를 내었던 적이 있나요?
- 다른 사람들이 당신을 어떤 점에서 능력이 뛰어나다고 인정하나요?
- 어떤 역할에서 가장 효과적으로 작업할 수 있나요?
- 당신의 강점이 어떤 도메인에서 특히 돋보이나요?
- 어떤 활동을 하면 즐거움을 느끼고 흥미를 가질 수 있나요?
- 당신이 가장 자주 활용하는 능력은 무엇인가요?
- 당신의 강점이 팀 프로젝트 또는 협업에서 어떻게 도움이 될까요?
- 어떤 상황에서 당신은 자신감을 가질 수 있나요?
- 당신의 강점 중에서 특히 독특한 부분은 무엇인가요?
- 당신의 동료나 친구가 당신을 어떤 면에서 가장 능력있는 사람으로 생각하나요?
- 어떤 역할이나 직무에서 당신은 특별히 유용할 수 있을까요?
- 당신의 강점이 어떤 상황에서 동료들과의 협력에 도움이 될까요?

- 어떤 경험이 당신의 강점을 드러내는 데 도움을 주었나요?
- 어떤 활동을 통해 당신은 뛰어난 성과를 얻었나요?
- 당신의 강점이 어떤 프로젝트나 목표 달성에 도움을 줄 수 있을까요?
- 어떤 역할에서 당신은 동료들과의 협력을 원활하게 이끌어 낼 수 있을까요?
- 당신의 강점을 극대화하기 위해 어떤 자원을 활용하고 있나요?
- 어떤 활동을 할 때 당신은 흥미와 열정을 느끼나요?
- 당신의 강점이 어떤 프로젝트나 목표에 기여한 경험이 있나요?
- 어떤 역할에서 당신은 주변 사람들을 동기부여하거나 영향을 미칠 수 있을까요?
- 당신이 가진 능력 중에서 어떤 것이 특별히 유용한 도구로 작용하나요?
- 어떤 프로젝트나 작업에서 당신은 독자적으로 뛰어난 성과를 얻은 적이 있나요?
- 당신의 강점이 어떤 문제해결 또는 결정에 도움을 줄 수 있을까요?
- 어떤 활동을 하면 당신은 능력을 최대한 발휘할 수 있나요?
- 당신의 강점이 어떤 경험에서 도움이 되었나요?
- 어떤 역할에서 당신은 뛰어난 의사소통 능력을 가지고 있나요?
- 당신이 가진 능력 중에서 어떤 것이 특히 창의적인 문제해결에 기여할 수 있을까요?
- 당신의 강점을 극대화하기 위해 어떤 노력을 기울이고 있나요?

2) 약점 분석

- 어떤 기술이나 능력이 당신의 개선이 필요한 부분이라고 생각하나요?
- 어떤 기술을 사용하여 어려움을 겪은 적이 있나요?
- 당신의 동료나 친구들이 당신의 기술을 어떻게 평가하나요?
- 어떤 종류의 프로젝트에서 더 많은 향상이 필요한가요?
- 개선이 필요한 기술을 개발하기 위해 어떤 노력을 기울이고 있나요?
- 어떤 성격 특성이 당신의 개선이 필요한 부분인가요?
- 어떤 상황에서 당신은 어려움을 겪나요?
- 당신의 동료들은 어떤 성격 특성을 개선해야 한다고 생각하나요?
- 어떤 종류의 업무나 상황에서 더 많은 개선이 필요한가요?
- 개선이 필요한 성격 특성을 개발하기 위해 어떤 노력을 기울이고 있나요?
- 어떤 경험 중에서 실패하거나 어려움을 겪은 것이 있나요?
- 어떤 상황에서 당신은 원하는 결과를 얻지 못했나요?
- 개선이 필요한 부분이 경험 중 어떻게 나타났나요?
- 어떤 프로젝트나 활동에서 동료들과 협력하는 데 어려움을 겪었나요?
- 개선이 필요한 부분을 개선하기 위해 어떤 경험을 살펴보고 있나요?
- 당신은 인간관계 구축과 유지에서 어떤 어려움을 겪었나요?
- 어떤 상황에서 소통이 원활하지 않았나요?
- 동료나 팀원들과의 협업에서 어떤 역할을 수행하는 데 어려움을 겪었나요?
- 개선이 필요한 인간관계와 소통 스킬은 어떤 것인가요?
- 어떤 방식으로 개선이 필요한 부분을 향상시키고 싶나요?
- 어떤 상황에서 당신은 창의적인 해결책을 찾지 못했나요?
- 어떤 복잡한 문제를 해결하는 데 어려움을 겪었나요?
- 어떤 상황에서 당신은 아이디어를 제시하는 데 어려움을 겪었나요?
- 개선이 필요한 창의성과 문제해결 능력은 어떤 것인가요?
- 어떤 방식으로 개선이 필요한 부분을 향상시키고 싶나요?

3) 전반적인 분석

- 강점과 약점을 인식하는 데 어떤 도구나 방법을 사용하고 있나요?
- 당신의 강점과 약점이 어떻게 개인적인 성장에 영향을 미치나요?
- 다른 사람들과 협력하거나 팀에서 작업할 때 어떤 역할이 가장 잘 맞을 것 같나요?
- 강점과 약점을 이해하는 데 어떤 도움을 받을 수 있는 사람이나 자원이 있나요?
- 강점과 약점을 고려하여 당신의 진로나 업무 선택에 대한 전략이 있나요?
- 강점과 약점을 고려하여 어떤 직업이나 업무가 당신에게 가장 맞는 것 같아요?
- 당신의 강점이 어떤 직업 분야에서 특히 빛을 발할 것 같아요?
- 약점을 극복하고 강점을 더 강화하기 위한 계획이 어떻게 구체적으로 있나요?
- 어떤 훈련, 교육 또는 경험이 강점을 향상시키고 약점을 극복하는 데 도움이 될 것 같아요?
- 당신이 원하는 진로나 경력 목표를 달성하기 위해 어떻게 강점을 활용할 수 있을까요?
- 강점과 약점을 분석하는 데 어떤 도구나 자원을 활용하고 있나요?
- 당신의 강점과 약점이 어떻게 개인적인 성장과 발전에 도움을 주나요?
- 다른 사람들과 협력하거나 팀에서 작업할 때, 당신이 가장 잘 수행할 수 있는 역할은 무엇인가요?
- 강점과 약점을 이해하고 관리하는 데 어떤 도움을 받을 수 있는 조언이나 자원이 있나요?
- 강점과 약점을 고려한 진로나 업무 선택에 대한 전략을 개발하고 있나요?
- 당신이 원하는 진로 또는 업무 분야에서 어떤 경쟁 우위를 갖기 위해 강점을 어떻게 활용할 수 있을까요?

- 약점을 극복하고 개선하기 위한 일정 또는 목표를 설정하고 있나요?
- 당신의 진로 또는 업무 선택에 있어서 강점과 약점이 어떤 영향을 미쳤나요?
- 당신이 현재 진행 중인 프로젝트나 업무에서 강점을 어떻게 활용하고 있나요?
- 강점을 향상시키기 위한 특별한 계획이나 활동이 있나요?
- 약점을 극복하기 위한 특별한 노력이나 교육 계획이 있나요?
- 당신의 강점과 약점이 조직 내 혹은 팀 내 역할 분배에 어떤 영향을 미쳤나요?
- 당신의 강점을 최대한 활용하기 위해 어떤 자신만의 전략이나 접근 방식이 있나요?
- 강점과 약점을 균형 있게 관리하는 데 중요한 요소는 무엇이라고 생각하나요?
- 당신의 강점과 약점을 분석하는 데 있어서 도움이 되는 책이나 자료를 추천할 수 있나요?

4. 가치관 및 목표 설정을 돕는 질문

1) 욕구 탐색

- 당신이 삶에서 중요하게 여기는 가장 큰 욕구는 무엇인가요?
- 어떤 경험을 통해 당신이 가진 욕구가 어떻게 형성되었나요?
- 당신이 이루고 싶은 꿈과 목표는 무엇인가요? 이러한 목표가 어떤 욕구를 충족시키나요?
- 어떤 활동을 할 때, 그 활동이 당신의 내적 욕구를 충족시킨다고 느끼나요?

- 가족, 친구, 사회적 연대감 등 어떤 요소가 당신의 욕구에 영향을 미칠 수 있나요?
- 당신이 성취하고 싶은 목표와 당신의 욕구가 어떻게 연결되어 있나요?
- 당신이 미래에 어떤 역할을 가지고 싶다고 생각하나요? 이 역할이 어떤 욕구를 충족시킬 것 같아요?
- 어떤 가치를 실현하고 싶다고 생각하나요? 이러한 가치를 실현하기 위해 어떤 행동을 취할 수 있을까요?
- 당신이 가진 내적 욕구와 외부 요인(사회적, 경제적 등) 사이에는 어떤 상호작용이 있을까요?
- 당신이 현재 느끼는 만족감과 당신의 욕구 충족 수준 사이에는 어떤 관련성이 있을까요?
- 어떤 경험을 통해 당신이 더 나은 삶을 살고자 하는 욕구를 느꼈나요?
- 당신의 욕구가 어떻게 당신의 선택과 행동을 이끌어가나요?
- 당신이 현재 느끼는 불만족은 어떤 욕구가 충족되지 않아서 생기는 것 같아요?
- 다른 사람과 비교할 때, 당신의 욕구와 가치관은 어떻게 다를 수 있나요?
- 당신의 욕구와 가치관이 시간이 지남에 따라 어떻게 변화했나요?
- 어떤 경험이 당신의 욕구에 대한 깊은 이해를 가져다 주었나요?
- 당신이 가진 욕구 중에서 현재 가장 중요하게 생각하는 것은 무엇인가요?
- 당신의 욕구를 충족시키는 데 어떤 자원이나 기술을 개발하고 있나요?
- 어떤 목표를 달성함으로써 당신은 자신의 욕구를 더욱 만족시킬 수 있을까요?
- 당신의 욕구를 충족시키기 위한 일상적인 습관이나 관행이 있나요?

2) 동기 탐색

- 당신이 어떤 일을 시작하거나 지속하는 주된 동기는 무엇인가요?
- 당신이 어떤 목표를 달성하려는 동기가 무엇인가요? 이 목표가 당신에게 어떤 중요성을 가지나요?
- 어떤 동기가 당신을 더 나은 버전으로 만들고 싶다고 생각하게 만들었나요?
- 당신이 성공적인 진로나 경력을 추구하는 데 가장 큰 동기는 무엇인가요?
- 당신의 업무나 학업에서 성취하고 싶은 것을 동기로 삼은 적이 어떤 경험인가요?
- 다른 사람의 성공 이야기나 영감을 받은 경험이 있나요? 이러한 경험이 당신의 동기에 어떤 영향을 미쳤나요?
- 당신이 더 높은 목표를 위해 노력하게 된 동기를 설명해 주세요.
- 당신의 동기가 주로 내적인 것인지 외부적인 것인지 어떻게 판단하나요?
- 당신이 동기를 유지하고 더 나아가려는 데 어떤 전략을 사용하고 있나요?
- 어떤 동기가 당신을 더 나은 인간으로 성장시킬 수 있다고 생각하나요?
- 당신이 어떤 일을 하면서 동기 부여가 어떻게 변할 수 있나요?
- 동기가 떨어질 때, 어떻게 다시 활기를 되찾을 수 있나요?
- 당신이 목표를 달성하고 성공을 경험할 때 느끼는 동기에 대해 어떻게 설명하나요?
- 동기가 높을 때, 어떻게 더 큰 성취를 이룰 수 있나요?
- 동기를 유지하기 위해 당신이 사용하는 내부적인 자기대화는 무엇인가요?
- 동기가 높을 때, 당신은 어떤 자원을 활용하여 더 높은 수준의 성과를 얻을 수 있나요?
- 당신의 동기와 목표가 당신의 가치관과 어떻게 일치하나요?

- 당신의 동기가 단기 목표와 장기 목표 사이에서 어떻게 변화하는지 설명해 주세요.
- 어떤 종류의 동기가 당신에게 가장 효과적인 것 같아요?
- 동기를 유지하는 데 도움이 되는 일상적인 습관이나 관행이 있나요?

3) 직업가치 탐색

- 당신이 원하는 직업에서 어떤 가치를 추구하고 싶나요? 그 가치가 왜 중요한가요?
- 어떤 직업이 당신의 가치와 가장 잘 부합할 것 같아요? 이 직업이 어떻게 당신의 가치를 충족시킬 수 있을까요?
- 당신이 현재의 직업에서 어떤 가치를 발견하고 있나요? 이러한 가치가 당신의 직업 만족도에 어떤 영향을 미치나요?
- 당신의 직업 관련 결정을 내릴 때, 어떤 가치가 가장 우선적으로 고려되나요?
- 당신의 직업이 당신의 가치와 어떻게 일치하거나 충돌하는지 설명해 주세요.
- 당신이 원하는 직업에서 어떤 윤리적 가치를 중요하게 생각하나요? 이러한 가치를 실현하기 위한 방법이 있을까요?
- 당신이 직업을 선택할 때, 어떤 가치가 당신의 선택에 영향을 미쳤나요?
- 당신의 직업과 선택한 가치 사이에 어떤 상호작용이 있나요?
- 당신의 직업이 당신의 가치를 어떻게 반영하고 있나요?
- 당신이 원하는 직업에서 어떤 사회적 가치를 추구하고 싶나요? 이 가치를 실현하기 위해 무엇을 할 수 있을까요?
- 당신의 직업이 사회나 커뮤니티에 어떤 긍정적인 영향을 미칠 수 있는지 생각해봅시다.
- 당신이 원하는 직업에서 어느 정도의 경제적 가치를 추구하고 싶나요? 이러한 가치를 달성하기 위해 어떤 전략이 필요할까요?

- 당신은 현재의 직업에서 어떤 학습 및 개인적 성장 가치를 찾고 있나요?
- 당신이 직업을 선택할 때, 어떤 가치가 당신의 직업 만족도에 영향을 미치는 것 같아요?
- 당신의 직업이 당신의 가치와 어떻게 조화를 이루고 있는지 설명해 주세요.
- 당신의 직업과 선택한 가치가 미래에 어떻게 발전할 것 같아요?
- 어떤 직업이 당신이 원하는 가치를 실현하기에 가장 적합하다고 생각하나요?

4) 목표 설정

- 현재 당신이 가지고 있는 목표는 무엇인가요? 이 목표를 달성하려는 이유는 무엇인가요?
- 당신이 달성하고 싶은 목표가 있을 때, 어떻게 그 목표를 설정하나요?
- 목표 설정을 위해 어떤 단계나 절차를 따르나요?
- 어떤 종류의 목표를 설정하는 것이 가장 효과적이라고 생각하나요? (단기, 중기, 장기 목표 등)
- 목표 설정을 했을 때, 어떻게 그 목표가 당신의 행동과 선택에 영향을 미치나요?
- 목표 설정을 통해 당신은 어떤 동기부여를 얻을 수 있나요?
- 당신의 목표가 어떻게 당신의 가치와 관련이 있나요?
- 당신이 목표를 설정할 때, 어떤 가치가 주로 고려되나요?
- 목표 설정을 통해 당신은 어떻게 성장하고 발전할 수 있을까요?
- 목표를 설정하고 달성하면서 얻는 성취감은 어떤 영향을 미치나요?
- 목표 설정을 통해 당신은 어떤 새로운 기술이나 능력을 개발할 수 있을까요?
- 목표 설정을 위해 당신이 사용하는 도구나 기술이 있나요?

- 어떤 종류의 목표를 설정하면 당신은 가치관을 실현할 수 있을까요?
- 목표 설정을 통해 당신은 어떤 사회적 가치를 추구할 수 있나요?
- 목표 설정을 통해 당신은 어떤 경제적 가치를 실현할 수 있나요?
- 목표 설정을 통해 당신은 어떤 학습 및 개인적 성장 가치를 이룰 수 있을까요?
- 목표 설정을 통해 당신은 어떤 미래적 목표를 위해 준비할 수 있을까요?
- 목표 설정을 위해 다른 사람들의 도움이나 지원을 받는 방법이 있나요?
- 목표 설정을 통해 당신은 어떤 윤리적 가치를 실현할 수 있을까요?

5. 진로 준비 및 이행을 위한 점검을 돕는 질문

1) 진로 준비

- 당신이 원하는 진로 또는 업무에 필요한 어떤 능력을 개발하고 있나요?
- 진로를 위해 어떤 학습 계획을 세우고 있나요? 이 계획은 어떻게 구성되어 있나요?
- 자격증 또는 자격 기준을 충족시키기 위해 어떤 노력을 하고 있나요?
- 당신이 원하는 진로를 위해 어떤 경험을 쌓고 있나요? 이 경험은 어떻게 도움이 되나요?
- 당신의 현재 직장 또는 활동이 원하는 진로에 어떻게 도움을 주고 있나요?
- 진로준비를 위해 어떤 교육 또는 훈련을 받고 있나요?
- 원하는 진로를 위해 어떤 자원이나 네트워크를 활용하고 있나요?
- 진로 준비 과정에서 가장 큰 도전은 무엇이었나요?
- 진로준비를 위해 어떤 투자를 하고 있나요? 이 투자가 어떻게 도움

이 되고 있나요?

- 당신의 진로준비 계획에 어떤 단계나 목표가 포함되어 있나요?
- 당신의 진로준비 과정에서 어떤 성과를 달성하였나요?
- 진로를 위해 어떤 자기개발 계획을 가지고 있나요?
- 진로준비를 위해 필요한 리더십 또는 조직 능력을 어떻게 향상시키고 있나요?
- 진로를 위해 어떤 프로젝트나 과제에 참여하고 있나요?
- 원하는 진로에 필요한 기술을 어떻게 습득하고 있나요?
- 당신이 준비 중인 진로에 관한 정보를 어떻게 수집하고 있나요?
- 진로 준비를 위해 어떤 시간 관리 전략을 사용하고 있나요?
- 진로 준비를 위해 어떤 도전적인 경험을 찾고 있나요?
- 진로준비를 위해 어떤 길잡이나 조언을 얻고 있나요?

2) 진로 이행

- 현재 진로목표를 달성하기 위해 어떤 단계나 계획을 수립하고 있나요?
- 진로목표를 이루기 위해 어떤 단기 및 장기 목표를 설정하였나요?
- 현재 진로목표에 대한 진전 상황은 어떤가요? 어떤 성과를 달성하였나요?
- 진로이행을 위해 자기모니터링 방법을 사용하고 있나요?
- 진로목표를 달성하기 위해 자기관리 전략을 활용하고 있나요?
- 진로이행 과정에서 어려움을 경험하고 있나요? 이러한 어려움을 어떻게 극복하고 있나요?
- 진로목표를 향해 달려가면서 어떤 효과적인 습관을 가지고 있나요?
- 당신의 진로목표를 이루기 위해 필요한 리더십 또는 조직 능력을 어떻게 향상시키고 있나요?
- 현재 진로이행에 어떤 자원이나 지원을 활용하고 있나요?

- 당신의 진로이행 과정에서 어떤 성장과 변화를 느끼고 있나요?
- 진로목표를 이루기 위해 어떤 사회적 네트워크를 활용하고 있나요?
- 현재 진로이행에 어떤 경험을 쌓고 있나요? 이 경험은 어떻게 도움이 되고 있나요?
- 진로이행을 위해 어떤 학습 또는 훈련을 받고 있나요?
- 진로목표를 향해 달려가면서 어떤 동기부여를 얻고 있나요?
- 현재 진로이행에 어떤 시간 관리 전략을 사용하고 있나요?
- 진로목표 이행을 위해 어떤 길잡이나 조언을 받고 있나요?
- 진로이행을 통해 어떤 가치를 실현하고 있나요?

6. 진로상담목표 달성 평가를 돕는 질문

- 현재까지 진로상담을 통해 어떤 목표를 달성하셨나요?
- 진로상담에서 설정한 목표와 실제로 이룬 결과를 비교해 보았을 때, 만족스러운가요?
- 진로상담에서 설정한 목표 중 어떤 목표를 이미 달성하셨으며, 어떤 목표가 아직 남아 있나요?
- 목표 달성 과정에서 어떤 어려움이나 도전을 겪었으며, 어떻게 극복하셨나요?
- 달성한 목표가 현재의 진로 및 업무 선택에 어떤 영향을 미치고 있나요?
- 목표 달성을 통해 당신은 어떻게 성장하고 발전하셨나요?
- 현재까지의 진로상담목표 달성이 당신의 진로 또는 업무 선택에 도움이 되고 있나요?
- 진로상담목표를 이루면서 당신의 가치나 미션을 실현하는 데 어떤 역할을 하고 있나요?

- 목표 달성을 위해 다른 사람들의 지원을 받았나요? 이 지원이 어떻게 도움이 되었나요?
- 목표 달성을 통해 당신은 어떤 새로운 기술 또는 능력을 개발하셨나요?
- 목표 달성을 통해 당신은 어떤 경험을 쌓았으며, 이 경험은 어떻게 도움이 되었나요?
- 당신이 달성한 목표가 어떻게 당신의 진로 및 업무 선택을 지원하고 있나요?
- 목표 달성을 통해 당신은 어떤 새로운 기회를 발견하셨나요?
- 목표 달성을 통해 당신의 자기신뢰가 어떻게 향상되었나요?
- 현재까지 진로상담목표 달성을 통해 얻은 가치와 배운 교훈은 무엇인가요?
- 목표 달성을 통해 어떤 사회적 가치를 실현하셨나요?
- 달성한 목표가 현재와 미래의 진로 방향성을 어떻게 조절하고 있나요?
- 목표 달성을 통해 당신은 어떤 학습과 개인적 성장을 경험하셨나요?
- 목표 달성을 통해 당신의 목표 설정 및 이행 능력이 어떻게 향상되었나요?
- 다음 단계에서 어떤 새로운 목표를 설정하고 싶으신가요?

진로상담을 위한
면담기법의 활용

Part 3 진로상담을 위한 면담기법의 활용

1. 진로상담에서 면담의 개요

1) 진로상담에서 면담의 주요 특징

진로상담에서의 면담은 내담자의 진로 발달과 의사결정을 지원하는 핵심적인 과정이다. 면담을 통해 내담자는 자신의 흥미, 적성, 가치관, 능력 등을 탐색하고, 이를 바탕으로 진로 목표를 설정하며, 구체적인 실천 계획을 수립해 나간다.

진로상담에서 면담은 다음과 같은 주요 특징을 가진다.

◈ 내담자 중심의 접근

진로상담은 내담자의 자기 이해와 주도적인 문제해결을 촉진하는 내담자 중심의 접근을 취한다. 상담자는 내담자가 자신의 진로 문제를 스스로 탐색하고 해결 방안을 모색할 수 있도록 지지하고 격려하는 촉진자 역할을 수행한다.

◈ 협력적 관계 형성

진로상담에서는 내담자와 상담자 간의 신뢰와 협력을 바탕으로 한 동등한 관계가 중시된다. 상담자는 내담자와 라포를 형성하고, 내담자의 눈높이에서 소통하며, 내담자의 자율성과 선택을 존중한다.

◈ 체계적 정보 수집과 평가

진로상담 과정에서는 심리검사, 진로 탐색 활동 등 다양한 방법을 통해 내담자에 대한 체계적인 정보 수집과 평가가 이루어진다. 이를 통해 내담자의 특성과 진로 적합성을 객관적으로 파악하고, 내담자 이해의 폭을 넓힌다. 이를 위해서는 상담자의 전문성이 필수적이다.

◈ 통합적 접근

진로상담은 내담자의 진로 발달을 개인적, 사회적, 문화적 맥락에서 통합적으로 이해하고 접근한다. 내담자의 심리적 특성뿐 아니라 가정, 학교, 사회 환경 등 다양한 요인들이 내담자의 진로에 미치는 영향을 고려한다.

◈ 성장과 변화 지향

진로상담은 내담자의 성장과 변화를 지향한다. 내담자가 자신의 진로 문제에 효과적으로 대처하고, 바람직한 진로 발달을 이루어 갈 수 있도록 내담자의 강점과 자원을 발굴하고 활용하는 데 주력한다.

진로상담은 내담자의 발달 단계와 특성에 맞춰 유연하게 진행된다. 청소년, 대학생, 성인 등 내담자의 발달 과업과 진로 고민에 적합한 면담 전략과 기법을 활용하여 내담자의 요구에 부합하는 맞춤형 접근을 제공한다.

이러한 특징을 토대로, 진로상담에서의 면담은 내담자의 자기 이해와 진로 발달을 효과적으로 도모하는 과정이 된다. 상담자의 전문적 역량과 내담자 존중의 자세가 결합될 때, 내담자는 자신의 진로를 주체적으로 개척해 나가는 힘을 기를 수 있다.

2) 효과적인 피드백 제공

진로상담 면담에서 내담자에게 효과적인 피드백을 제공하는 것은 내담자의 자기 이해와 성장을 촉진하는 데 큰 의의를 가진다. 상담자의 피드백은 내담자가 자신의 생각, 감정, 행동에 대해 깊이 성찰하고, 필요한 변화를 식별하며, 새로운 행동 전략을 개발할 수 있도록 도와준다(Stone & Heen, 2014). 피드백은 내담자에게 긍정적인 영향을 미치기 위해, 명확하고, 구체적이며, 비판적이지 않은 방식으로 제공되어야 한다. 효과적인 피드백은 내담자와의 관계를 강화시키고, 상담과정에서의 학습과 성장을 촉진한다.

진로상담에서도 피드백은 매우 중요한 역할을 한다. 내담자는 자신의 흥미, 가치관, 능력 등에 대한 이해를 바탕으로 진로를 탐색하고 의사결정을 내리게 되는데, 이 과정에서 상담자의 피드백은 내담자의 자기 인식을 높이고, 현실적인 진로 계획을 세우는 데 도움을 준다(Amundson et al., 2014; Niles & Harris-Bowlsbey, 2016).

예를 들어, 상담자는 내담자가 특정 직업에 대해 비현실적인 기대를 갖고 있다면, 해당 직업의 실제 특성과 요구 사항에 대한 정보를 제공함으로써 내담자의 인식을 조정할 수 있다. 또한 내담자가 자신의 강점과 성취를 과소평가하는 경우, 상담자는 내담자의 자원과 가능성을 부각시키는 피드백을 제공하여 내담자의 자기 효능감을 높일 수 있다(Zunker, 2011).

이처럼 진로상담에서의 효과적인 피드백은 내담자가 자신에 대한 이해를 바탕으로 현명한 진로 선택을 하고, 선택한 진로 목표를 향해 나아갈 수 있는 원동력이 된다. 따라서 상담자는 피드백 제공의 원칙과 방법을 숙지하고, 내담자의 특성과 상황에 맞는 피드백을 적시에 제공할 수 있어야 한다.

(1) 효과적인 피드백 제공의 의의

효과적인 피드백 제공의 의의는 다음과 같다.

⊕ 내담자의 자기 인식 증진

상담자의 피드백은 내담자로 하여금 자신에 대해 보다 깊이 있게 이해하고 통찰할 수 있게 한다. 내담자는 자신의 강점, 약점, 성격적 특성 등에 대한 객관적 정보를 얻음으로써 자기 인식의 폭을 넓힐 수 있다.

⊕ 내담자의 진로 탐색 촉진

내담자의 흥미, 적성, 가치관 등에 대한 상담자의 피드백은 내담자가 자신에게 적합한 진로를 모색하는 토대가 된다. 상담자의 전문적 관점에서 제공되는 피드백은 내담자의 진로 방향 설정에 중요한 참고 자료로 기능한다.

◈ 현실적 진로 계획 수립 도모

상담자의 피드백은 내담자가 자신의 진로 목표와 계획을 현실적으로 재점검하고 조정하는 데 도움이 된다. 내담자의 강점과 한계, 환경적 영향 요인 등에 대한 피드백은 내담자로 하여금 실현 가능한 진로 계획을 세우도록 이끈다.

◈ 내담자의 동기부여와 행동 변화 촉구

상담자의 피드백은 내담자의 진로 발달과 성장에 대한 동기를 고취한다. 격려와 지지의 피드백은 내담자로 하여금 진로 목표 달성을 위해 능동적으로 노력하게 하는 원동력이 된다. 아울러 개선이 필요한 부분에 대한 피드백은 내담자의 행동 변화를 이끌어 낸다.

◈ 상담 관계와 면담 과정의 개선

내담자에 대한 피드백 제공 과정에서 상담자는 자신의 반응과 개입을 성찰하게 된다. 피드백이 내담자에게 미치는 영향을 주의 깊게 관찰함으로써, 상담자는 내담자와의 관계 개선과 면담 과정 조정의 필요성을 인식할 수 있다.

(2) 효과적인 피드백 제공 방법

효과적인 피드백 제공을 위해 상담자는 내담자의 장점과 성과를 인정하는 것에서 출발하되, 개선점과 보완할 부분도 함께 다루어야 한다. 또한 피드백의 초점은 내담자의 행동이나 수행에 맞추되, 내담자의 인격을 평가하지 않도록 주의해야 한다.

피드백은 구체적이고 명확해야 하며, 내담자가 수용하고 실천할 수 있는 수준이어야 한다. 내담자의 반응을 살피며 피드백의 속도와 양을 조절하는 것도 필요하다. 아울러 상담자의 피드백이 내담자에 대한 깊은 이해와 내담자의 성장 가능성에 대한 믿음에서 비롯된 것임을 전달하는 것이 중요하다. 효과적인 피드백을 제공하는 구체적인 방법은 다음과 같다.

⊕ 긍정적인 강화 사용하기

내담자의 긍정적인 행동과 성과를 인식하고 강화한다. 이는 내담자의 자신감을 증진시키고, 긍정적인 변화를 유지하도록 동기를 부여한다.

- "지난 상담에서 이야기한 직업들에 대해 조사하고, 자신의 역량과 관심사에 맞는 직업을 선택한 것은 매우 잘한 일입니다. 이러한 노력이 자신의 진로에 대한 자신감을 높이는 데 도움이 될 것입니다."
- "선택한 직업에 대해 조사하면서 자신의 강점과 역량을 발견하고, 자신감을 높일 수 있을 것입니다. 이러한 노력이 자신의 진로에 대한 긍정적인 변화를 가져올 것입니다."
- "자신이 관심 있는 분야에 대해 적극적으로 탐색하고, 다양한 경험을 쌓는 것은 자신의 진로에 대한 긍정적인 변화를 가져올 것입니다. 이러한 노력이 자신의 진로에 대한 자신감을 높이는 데 도움이 될 것입니다."

⊕ 구체적이고 명확하게 피드백하기

피드백은 추상적이거나 일반적인 말보다는 구체적인 사례나 행동에 초점을 맞추어야 한다. 이를 통해 내담자는 자신의 행동을 명확하게 이해하고, 필요한 변화를 쉽게 식별할 수 있다.

- "지난 상담에서 이야기한 직업들 중에서 자신이 관심 있는 분야와 역량에 맞는 직업을 몇 가지 선택해 보세요. 선택한 직업에 대해 조사하면서 자신의 강점과 역량을 발견하고, 자신감을 높일 수 있을 것입니다."
- "선택한 직업에 대해 조사하면서 자신이 부족한 부분을 발견했다면, 이를 보완하기 위해 노력해 보세요. 이러한 노력이 자신의 진로에 대한 긍정적인 변화를 가져올 것입니다."
- "자신이 관심 있는 분야에 대해 적극적으로 탐색하고, 다양한 경험을 쌓는 것은 자신의 진로에 대한 긍정적인 변화를 가져올 것입니다. 이러한 경험을 바탕으로 자신에게 맞는 직업을 선택할 수 있을 것입니다."

◈ 비판적이지 않게 접근하기

피드백을 제공할 때는 비판적인 언어 사용을 피하고, 대신 건설적이고 지지적인 방식을 선택해야 한다. 이는 내담자가 방어적이 되지 않고 피드백을 수용할 수 있는 환경을 조성한다.

- "자신이 관심 있는 분야에 대해 조사하면서 어려움을 느끼는 것은 자연스러운 일입니다. 이러한 어려움을 극복하기 위해 함께 노력해 봅시다."
- "자신이 선택한 직업에 대해 조사하면서 자신이 부족한 부분을 발견했다면, 이를 보완하기 위해 노력해 보세요. 이러한 노력이 자신의 진로에 대한 자신감을 높이는 데 도움이 될 것입니다."

- "자신이 관심 있는 분야에 대해 적극적으로 탐색하고, 다양한 경험을 쌓는 것은 자신의 진로에 대한 자신감을 높이는 데 도움이 될 것입니다. 이러한 노력이 자신의 진로에 대한 긍정적인 변화를 가져올 것입니다."

◈ 발전 가능성에 초점 맞추기

내담자가 개선할 수 있는 영역에 대해 논의할 때, 그들의 잠재력과 발전 가능성에 초점을 맞추어 긍정적인 전망을 제공한다.

- "자신이 선택한 직업에 대해 조사하면서 자신이 부족한 부분을 발견했다면, 이를 보완하기 위해 노력해 보세요. 이러한 노력이 자신의 진로에 대한 발전 가능성을 높이는 데 도움이 될 것입니다."
- "자신이 관심 있는 분야에 대해 적극적으로 탐색하고, 다양한 경험을 쌓는 것은 자신의 진로에 대한 발전 가능성을 높이는 데 도움이 될 것입니다. 이러한 노력이 자신의 진로에 대한 긍정적인 변화를 가져올 것입니다."
- "자신이 선택한 직업에 대해 조사하면서 자신이 가진 강점과 역량을 발견하고, 이를 발전시키기 위해 노력해 보세요. 이러한 노력이 자신의 진로에 대한 발전 가능성을 높이는 데 도움이 될 것입니다."

◈ 상호작용적인 피드백 과정 만들기

피드백 과정은 단방향이 아닌 양방향의 커뮤니케이션으로 이루어져야 한다. 내담자의 의견과 반응을 적극적으로 듣고, 그들의 관점을 이해하려는 노력이 필요하다.

- "자신이 선택한 직업에 대해 조사하면서 자신이 느낀 점이나 생각을 자유롭게 이야기해 보세요. 함께 고민하면서 자신에게 맞는 직업을 찾아봅시다."
- "자신이 관심 있는 분야에 대해 조사하면서 어려움을 느끼는 것은 자연스러운 일입니다. 함께 고민하면서 해결책을 찾아봅시다."
- "자신이 선택한 직업에 대해 조사하면서 자신이 부족한 부분을 발견했다면, 함께 고민하면서 보완할 수 있는 방법을 찾아봅시다."

◈ 적시에 피드백 제공하기

피드백은 관련된 상황이나 행동 바로 후에 제공될 때 가장 효과적이다. 이는 내담자가 피드백의 맥락을 쉽게 이해하고, 즉각적으로 반영할 수 있도록 한다.

- "자신이 선택한 직업에 대해 조사하면서 어려움을 느끼는 부분이 있다면, 바로 이야기해 주세요. 함께 고민하면서 해결책을 찾아봅시다."
- "자신이 관심 있는 분야에 대해 조사하면서 자신이 느낀 점이나 생각을 바로 이야기해 주세요. 함께 고민하면서 자신에게 맞는 직업을 찾아봅시다."
- "자신이 선택한 직업에 대해 조사하면서 자신이 부족한 부분을 발견했다면, 바로 이야기해 주세요. 함께 고민하면서 보완할 수 있는 방법을 찾아봅시다."

효과적인 피드백 제공은 진로상담자가 습득해야 할 중요한 기술 중 하나이다. 이는 내담자가 자기 인식을 높이고, 상담과정에서 의미 있는 변화를 경험하는 데 필수적인 역할을 한다. 상담자는 이러

한 기법을 통해 내담자와의 신뢰 관계를 구축하고, 그들의 성장과
발전을 지원할 수 있다.

2. 진로상담 내담자의 문제 유형

여기에서는 진로상담 과정에서 나타나는 다양한 내담자의 문제
유형을 분류하고, 각 유형별 특징, 상담목표, 개입 전략을 구체적으
로 제시하였다. 또한 각 유형에 대한 개선 제안을 추가하여 상담 효
과를 극대화하고 내담자의 만족도를 높일 수 있도록 하였다.

진로상담 내담자의 문제 유형

✅ 내담자의 진로결정 유형
- 진로결정자
- 진로 미결정자
- 진로 우유부단형

✅ 내담자의 진로문제 유형
- 정보 부족형
- 자기이해 부족형
- 의사결정 어려움형
- 심리적 문제형

✅ 내담자의 의사소통문제 유형
- 과도하게 말하는 내담자
- 침묵하는 내담자

✅ 내담자의 감정표현 문제
- 분노를 표현하는 내담자
- 우울감을 표현하는 내담자

✅ 내담자의 의사결정문제 문제
- 의존적인 내담자
- 우유부단한 내담자

✅ 내담자의 동기부여 문제
- 무기력한 내담자
- 지나치게 높은 기대치를 가진 내담자

1) 내담자의 진로결정 유형

(1) 진로결정자

⊕ 특징

- ◆ 명확한 진로 목표를 설정하고 구체적인 계획을 수립한 내담자
- ◆ 특정 직업에 대한 깊은 이해와 높은 수준의 적성을 보유
- ◆ 추가적인 정보 및 전문적인 조언을 통해 목표 달성을 위한 실행 계획을 강화할 수 있음

⊕ 상담목표

- ◆ 선택한 진로에 대한 심층 정보 제공 및 현실적인 계획 수립
- ◆ 필요한 역량 강화를 위한 맞춤형 전략 수립
- ◆ 성공적인 진로 진입 및 지속 가능한 경력 개발 계획 수립

⊕ 상담도구의 활용

✎ 직업카드/학과카드/직무카드
- 선택한 직업에 대한 심층적인 정보 탐색
- 선택한 직업의 업무환경, 필요 자격요건, 급여수준, 경력개발 경로 등 보다 세부적인 내용 파악
- 내담자가 자신의 진로선택에 대해 현실적으로 이해하고 준비하도록 도움

✎ 역량카드/강점카드
- 내담자의 보유 역량과 강점에 대한 자기 이해 도모

- '직업카드/학과카드/직무카드'와 연계하여 목표직업에서 요구하는 역량과 내담자의 역량을 매칭

✎ **가치카드/욕구카드**

- 내담자의 핵심 가치나 욕구를 탐색하여 진로 선택 기준의 명확화
- '직업카드/학과카드/직무카드'와 연계하여 내담자의 가치 및 욕구와 부합하는 직업인지 확인

✎ **면접카드**

- 내담자가 선택한 직업의 입사면접에서 예상되는 질문을 탐색
- 모의면접을 통해 면접대비 역량을 키우고 자신감 향상

(2) 진로 미결정자

◉ 특징

- ◆ 적합한 진로를 선택하기 위한 정보, 자기 이해, 의사결정 능력이 부족한 내담자
- ◆ 다양한 진로 옵션에 대한 탐색 및 평가가 필요
- ◆ 흥미, 적성, 가치관, 성격 등을 고려한 맞춤형 상담 필요

◉ 상담목표

- ◆ 자기 이해 촉진 및 흥미, 적성, 가치관 탐색
- ◆ 현실적인 진로 선택을 위한 정보 제공 및 의사결정 능력 향상

✎ 직업카드/학과카드

- RIASEC 유형을 통해 내담자의 홍미, 적성, 가치관, 성격 등을 탐색
- 자신의 진로특성을 보다 명확히 파악

✎ 직무/역량/강점카드

- 내담자의 강점, 성취경험, 자원 등을 탐색하여 내담자의 잠재력을 발굴하고 진로방향 설정
- 내담자의 현재 역량수준을 확인하고 희망 진로에 필요한 역량을 파악하여 역량개발계획 수립

✎ 가치카드/욕구카드

- 내담자의 핵심 가치나 욕구를 탐색하여 진로선택에 고려해야 할 가치 파악

✎ 감정/스트레스/공감카드

- 진로 탐색 과정에서 경험하는 다양한 감정을 표현하고 공유함으로써 내담자의 심리지원
- 진로 탐색 및 의사결정과정에서 경험하는 스트레스 요인을 파악하고 대처방안 모색
- 내담자의 진로 탐색 과정에서의 어려움과 고민을 공감하고 지지

✎ 자존감/격려카드

- 내담자의 자기가치감을 향상시키고 긍정적인 자아상 형성 지원
- 내담자에게 지지와 응원의 메시지를 전달하여 진로 탐색의 동기와 자신감 고취

(3) 진로 우유부단형

특징

- ◆ 여러 진로 옵션 사이에서 선택에 어려움을 겪는 내담자
- ◆ 불안, 우울, 자존감 저하 등의 심리적 문제 동반 가능성
- ◆ 의사결정 능력 향상 및 심리적 안정 지원 필요

상담목표

- ◆ 불안 및 우울감 해소, 자존감 향상
- ◆ 현실적인 진로 선택을 위한 의사결정 능력 강화
- ◆ 선택에 대한 자신감 증진 및 내적 동기 부여

상담도구의 활용

감정/스트레스카드

- 진로 선택의 어려움으로 인해 경험하는 불안, 우울 등의 감정을 탐색하고 표현하도록 지원
- 스트레스 요인을 파악하고 관리 방안을 모색하여 심리적 안정 도모

자존감/격려카드

- 내담자의 강점과 긍정적 자질을 발견 및 강화하여 자존감 향상
- 내담자에게 지지와 격려의 메시지를 전달하여 자신감 고취

공감카드

- 내담자의 진로 선택 과정에서의 어려움과 고민을 공감적으로 이해하고 수용

- 다양한 진로 탐색 활동과 직접 경험을 격려하여 진로에 대한 통찰을 얻고 선택의 확신을 갖도록 지원

✎ **가치카드와 직업카드**
- 내담자의 가치관을 탐색하고 진로 선택의 기준 명확화
- 가치관에 부합하는 직업을 탐색하고, 각 직업에 대한 정보를 제공하여 현실적인 의사결정을 지원

✎ **역량/직무카드**
- 내담자의 역량을 파악하고, 강점 영역과 개발이 필요한 영역을 확인
- 각 직무에서 요구되는 역량을 탐색하고, 내담자의 역량과 매칭해 봄으로써 적합한 진로를 모색

2) 내담자의 진로문제 유형

(1) 정보 부족형

◈ 특징

- ◆ 부족한 진로 정보로 인해 현실적인 진로 선택에 어려움을 겪는 내담자
- ◆ 최신 정보 및 전문적인 지식 제공 필요

◈ 상담목표

- ◆ 다양한 진로 정보 및 자료 제공
- ◆ 현실적인 진로 선택을 위한 정보 활용 능력 향상
- ◆ 정보 습득 및 분석 능력 강화

◆ 신뢰할 수 있는 정보 출처 소개 및 활용 방법 숙지

상담도구의 활용

직업카드

- 다양한 직업에 대한 상세 정보를 제공하여 내담자의 진로 선택 폭을 확장
- 각 직업의 직무 내용, 필요 역량, 교육 수준, 임금, 전망 등을 포함하여 현실적인 직업 이해를 지원

학과카드

- 대학의 다양한 전공 및 학과 정보를 제공하여 내담자의 진학 계획을 지원
- 각 학과의 교육 목표, 커리큘럼, 진로 분야, 자격증 등의 정보를 포함하여 학과 선택에 도움

직무카드

- 특정 직무에 대한 구체적이고 실제적인 정보를 제공
- 직무의 하위 분야, 수행 과제, 필요 지식 및 기술, 관련 자격증 등을 포함하여 직무 이해도를 높임

면접카드

- 각 직업 분야의 실제 면접 사례와 예상 질문을 제공하여 내담자의 면접 대비를 지원
- 효과적인 자기소개, 경험 어필, 질문 대응 방법 등을 안내하여 면접 역량을 강화

(2) 자기 이해 부족형

특징

◆ 자신의 흥미, 적성, 가치관, 성격 등을 잘 이해하지 못하는 내담자

◆ 자기 탐색 및 이해를 위한 경험 제공

◆ 강점과 약점을 파악하고 자신에게 맞는 진로를 선택하도록 지원

상담목표

◆ 자기 탐색 및 이해를 위한 다양한 경험 제공

◆ 강점과 약점 파악 및 긍정적 자아상 구축

◆ 가치관 및 성격 이해를 통한 진로 선택 기준 설정

상담도구의 활용

(직업)가치카드

- 내담자의 가치관을 탐색하고 우선순위 파악
- 내담자가 중요하게 여기는 가치를 찾고, 이를 진로 선택의 기준으로 확장

흥미/성격 카드

- 다양한 활동과 직업에 대한 내담자의 흥미를 탐색
- 내담자의 흥미 및 성격 유형과 특성을 이해하고 이와 관련된 진로분야 모색

강점 카드

- 내담자의 능력, 잠재력, 가능성 등 강점과 자원을 탐색하고

인식하도록 지원

- 과거의 성공 경험, 긍정적 피드백, 자신 있는 분야 등을 통해 내담자의 강점을 발견하고, 이를 진로에 활용할 수 있도록 안내

(3) 의사결정 어려움형

특징

- ◆ 여러 진로 옵션 사이에서 선택에 어려움을 겪는 내담자
- ◆ 의사결정 과정 이해 및 능력 향상
- ◆ 선택에 대한 책임감 부여 및 내적 동기 부여

상담목표

- ◆ 의사결정 과정 이해 및 능력 향상
- ◆ 선택에 대한 책임감 부여 및 내적 동기 부여

상담도구의 활용

✎ 1단계: 개인적 특성 탐색

- 흥미/적성/가치관/강점/역량카드 등을 활용하여 내담자의 개인적 특성을 파악
- 내담자가 자신의 특성을 이해하고 진로 선택의 기준을 탐색하도록 안내

✎ 2단계: 직업적 특성 탐색

- 직업/학과/직무카드 등을 활용하여 다양한 직업, 학과, 직무에 대한 정보를 제공

- 내담자가 관심 있는 분야의 특성을 파악하고, 해당 분야에서 요구되는 자질과 역량을 이해할 수 있도록 지원

🖊 3단계: 개인적 특성과 직업적 특성 매칭

- 내담자의 개인적 특성과 직업적 특성을 비교하고 연결짓는 활동을 진행
- 내담자의 흥미, 적성, 가치관, 성격과 부합하는 직업, 학과, 직무를 탐색하고 매칭

🖊 4단계: 매칭 결과 분석 및 평가

- 매칭 결과를 바탕으로 내담자가 적합한 진로 옵션을 평가하고 우선순위를 정할 수 있도록 안내
- 각 옵션의 장단점을 분석하고, 내담자의 현실적 여건과 목표를 고려하여 평가

🖊 5단계: 의사결정 시뮬레이션 및 실행 계획 수립

- 내담자가 선택한 진로 옵션에 대한 의사결정을 연습
- 선택한 진로를 실행하기 위한 구체적인 계획을 수립하고, 실천 전략을 세울 수 있도록 지원

🖊 6단계: 선택에 대한 책임감 강화 및 동기부여

- 내담자가 자신의 선택에 대해 책임감을 갖고 주도적으로 행동할 수 있도록 격려
- 내담자의 진로 선택에 대한 자신감과 동기를 부여하고, 지속적인 지지와 관심을 제공

(4) 심리적 문제형

💡 특징

◆ 불안, 우울, 자존감 저하 등의 심리적 문제로 진로 선택에 어려움을 겪는 내담자

◆ 심리적 문제해결을 위한 전문적인 도움 제공

◆ 안정적인 정신 상태에서 현실적인 진로 계획 수립 지원

💡 상담목표

◆ 불안, 우울, 자존감 저하 등 심리적 문제해결

◆ 안정적인 정신 상태 유지 및 스트레스 관리 능력 향상

💡 상담도구의 활용

✎ 감정카드

- 내담자가 경험하는 다양한 감정을 탐색하고 표현할 수 있도록 지원

- 불안, 우울, 좌절, 혼란 등의 감정을 카드에 시각화하여 제시하고, 내담자가 자신의 감정을 인식하고 수용할 수 있도록 안내

- 내담자의 감정을 공감하고 지지하며, 감정 조절 방법을 함께 탐색

✎ 공감카드

- 상담자가 내담자의 심리적 어려움에 공감하고 지지하는 메시지를 전달

- 내담자의 경험과 감정을 이해하고 수용하는 공감적 반응을

제시하여, 내담자에게 심리적 지지 제공

- 내담자와 상담자 간의 신뢰 관계를 형성하고, 내담자의 자기 개방 촉진

✎ **대화카드**

- 내담자가 자신의 생각과 감정을 자유롭게 표현할 수 있도록 돕는 대화 주제와 질문을 제시
- 진로 선택 과정에서 경험하는 심리적 어려움, 장애물, 고민 등을 탐색하고 이야기할 수 있는 기회를 제공
- 내담자가 자신의 문제를 명확히 인식하고, 해결책을 모색할 수 있도록 안내

✎ **격려카드**

- 내담자에게 긍정적인 메시지와 격려를 전달
- 내담자의 강점과 자원을 강조하고, 작은 성공과 진전을 인정하며 격려
- 내담자가 자신감을 회복하고 진로 선택에 대한 동기를 유지할 수 있도록 지원

✎ **스트레스카드**

- 진로 선택 과정에서 경험하는 스트레스를 관리하는 방법을 제시
- 스트레스의 원인을 파악하고, 건강한 대처 방식을 탐색하며 연습할 수 있도록 안내
- 이완 기법, 시간 관리, 사회적 지지 활용 등 다양한 스트레스 관리 전략을 소개

3) 내담자의 의사소통 문제 유형

(1) 과도하게 말하는 내담자

⊕ 특징

- ◆ 상담 시간을 지배하고 상담자의 말을 끊는 경우
- ◆ 주제를 벗어나거나 과거 경험에 집착하는 경우
- ◆ 불안, 우울, 강박적인 성격 특성을 보일 수 있음

⊕ 상담목표

- ◆ 적절한 의사소통 방식 습득: 경청, 말 차례 지키기, 주제 유지
- ◆ 감정 조절 능력 향상: 불안, 우울, 강박적인 성격 특성 관리

⊕ 개입 전략

- ◆ 적극적 경청: 내담자의 말을 주의 깊게 듣고 공감 표현
- ◆ 제한 설정: 상담 시간 및 주제 설정, 말 차례 지키도록 안내
- ◆ 감정 표현 촉진: 감정을 건강하게 표현하도록 격려
- ◆ 질문 활용: 내담자의 생각과 감정을 탐색하는 질문

(2) 침묵하는 내담자

⊕ 특징

- ◆ 상담과정에서 거의 말을 하지 않거나 매우 간결하게 대답하는 경우
- ◆ 불안, 우울, 무기력, 수동적인 성격 특성을 보일 수 있음

◈ 상담목표

◆ 편안하고 안전한 상담 환경 조성

◆ 자신감 및 자존감 향상: 긍정적 자아상 구축

◆ 의사소통 능력 향상

◈ 개입 전략

◆ 긍정적 관계 형성: 상담자와의 신뢰 관계 구축

◆ 안전하고 편안한 분위기 조성: 비판 및 평가 없이 내담자의 이야기 경청

◆ 격려 및 지지: 내담자의 생각과 감정을 존중하고 공감 표현

◆ 질문 활용: 내담자의 생각과 감정을 탐색하는 질문

4) 내담자의 감정표현 문제

(1) 분노를 표현하는 내담자

◈ 특징

◆ 상담과정에서 분노, 좌절, 불만 등을 강하게 표현하는 경우

◆ 공격적인 언어, 목소리, 태도를 보일 수 있음

◆ 과거의 부정적인 경험 또는 현재의 어려움으로 인한 스트레스

◈ 상담목표

◆ 건강한 감정표현 방식 습득: 분노 조절, 감정 관리

◆ 스트레스 관리 능력 향상: 스트레스 해소 방법 훈련

◆ 효과적인 의사소통 방식 습득: 분노를 건강하게 표현하고
소통

◉ 개입 전략

◆ 분노 조절 훈련: 심호흡, 명상, 운동 등 스트레스 해소 방법
◆ 의사소통 훈련: 적극적인 경청, 긍정적인 표현, 건강한 토론
◆ 역할극: 분노 상황 대처 방법 연습
◆ 인지 행동 치료: 분노를 유발하는 생각 패턴 변화

(2) 우울감을 표현하는 내담자

◉ 특징

◆ 무기력, 흥미 상실, 죄책감, 자존감 저하 등을 표현하는 경우
◆ 우울증 가능성 고려: 전문적인 진단 및 치료 필요

◉ 상담목표

◆ 우울감 완화: 긍정적인 사고방식 훈련, 활동량 증가
◆ 자존감 향상: 긍정적 자아상 구축, 강점 발견
◆ 스트레스 관리 능력 향상: 스트레스 해소 방법 훈련

◉ 개입 전략

◆ 우울감의 원인 파악: 과거 경험, 현재 상황, 스트레스 요인 등
◆ 긍정적 사고방식 훈련: 인지 행동 치료, 감사 일기 쓰기 등
◆ 활동량 증가: 운동, 취미활동, 사회 참여 등
◆ 자존감 향상 프로그램: 강점 발견, 긍정적 자아상 구축

◆ 필요시 전문적인 치료 연계: 정신건강의학과 진료, 심리치
료 등

5) 내담자의 의사결정 문제

(1) 의존적인 내담자

___⊙ 특징

◆ 모든 결정을 상담자에게 의존하는 경우
◆ 책임감 부족, 자기 주도성 부족, 자존감 저하

___⊙ 상담목표

◆ 자기 주도적인 의사결정 능력 향상: 선택에 대한 책임감 부여
◆ 자존감 향상: 긍정적 자아상 구축, 강점 발견

___⊙ 개입 전략

◆ 의사결정 과정 이해: 정보 수집, 분석, 선택, 평가
◆ 선택에 대한 책임감 부여: 선택의 결과에 대한 책임을 내담
자에게 부여
◆ 강점 발견: 내담자의 강점을 파악하고 긍정적인 피드백 제공
◆ 다양한 경험 촉진: 봉사활동, 인턴십, 취업 박람회 등
◆ 필요시 전문적인 치료 연계: 정신건강의학과 진료, 심리치
료 등

(2) 우유부단한 내담자

특징

- ◆ 여러 진로 옵션 사이에서 선택에 어려움을 겪는 경우
- ◆ 불안, 우울, 완벽주의 성격 특성을 보일 수 있음

상담목표

- ◆ 의사결정 과정 이해: 정보 수집, 분석, 선택, 평가
- ◆ 불안 및 우울감 완화: 긍정적인 사고방식 훈련, 스트레스 관리
- ◆ 완벽주의 사고방식 변화: 현실적인 기대치 설정
- ◆ 선택에 대한 자신감 향상: 강점 발견, 성공 경험 강조

개입 전략

- ◆ 의사결정 과정 이해: 정보 수집, 분석, 선택, 평가
- ◆ 불안 및 우울감 완화: 긍정적인 사고방식 훈련, 스트레스 관리
- ◆ 완벽주의 사고방식 변화: 인지 행동 치료, 역할극 등
- ◆ 강점 발견: 내담자의 강점을 파악하고 긍정적인 피드백 제공
- ◆ 성공 경험 강조: 과거의 성공 경험을 떠올리고 자신감 부여

6) 내담자의 동기부여 문제

(1) 무기력한 내담자

⊕ 특징

- ◆ 진로에 대한 관심 및 목표 설정 부족
- ◆ 무기력, 흥미 상실, 낮은 자존감

⊕ 상담목표

- ◆ 진로 목표 설정: 흥미, 적성, 가치관을 고려한 목표 설정
- ◆ 내적 동기 부여: 진로 목표 달성을 위한 의지 강화
- ◆ 자존감 향상: 긍정적 자아상 구축, 강점 발견

⊕ 개입 전략

- ◆ 흥미 및 적성 탐색: 다양한 경험 제공, 검사 활용
- ◆ 가치관 탐색: 가치관 검사 활용, 토론, 질문
- ◆ 목표 설정 훈련: SMART 목표 설정 방법 교육
- ◆ 강점 발견: 내담자의 강점을 파악하고 긍정적인 피드백 제공
- ◆ 성공 경험 강조: 과거의 성공 경험을 떠올리고 자신감 부여

(2) 지나치게 높은 기대치를 가진 내담자

⊕ 특징

- ◆ 현실적으로 불가능한 높은 목표 설정
- ◆ 완벽주의 성격, 부모 또는 사회적 압박

◆ 상담목표

- 현실적인 기대치 설정: 자신의 능력과 상황을 고려한 목표 설정
- 완벽주의 사고방식 변화: 인지행동치료, 역할극 등
- 스트레스 관리 능력 강화: 불안, 우울감 완화

◆ 개입 전략

- 현실적인 정보 제공: 진로 현장 정보, 성공 확률 등
- 강점과 약점 파악: 자신의 능력과 부족한 부분을 이해하도록 돕기
- 목표 조정 훈련: 현실적인 목표 설정 방법 교육
- 완벽주의 사고방식 변화: 인지행동치료, 역할극 등
- 스트레스 관리 훈련: 심호흡, 명상, 운동 등
- 사회적 압박 해소: 부모 또는 사회적 압박의 원인 파악 및 해결 방안 모색
- 성공 경험 강조: 과거의 성공 경험을 떠올리고 자신감 부여

3. 진로상담자의 문제 유형

진로상담은 내담자의 자기 이해, 진로 탐색, 의사결정을 돕는 중요한 과정이다. 내담자뿐만 아니라 진로상담자 역시 인간으로서 다양한 문제 유형을 보일 수 있으며, 이는 상담 효과에 부정적인 영향을 미칠 수 있다. 여기에서는 진로상담 과정에서 나타나는 진로상담자의 주요 문제 유형을 구체적인 예시와 함께 분석하고, 효과적

인 해결 방안을 제시하였다.

1) 진로상담자의 전문성 부족

___💡 특징

◆ **무관한 전공 또는 경력**: 진로상담 분야와 관련 없는 학과를 졸업하거나, 상담 경험이 부족하여 내담자의 어려움을 정확하게 파악하고 적절한 도움을 제공하지 못할 수 있다.

◆ **최신 진로 정보 및 트렌드 파악 부족**: 빠르게 변화하는 진로 시장에 대한 이해 부족은 내담자에게 정확하고 유용한 정보를 제공하는 데 어려움을 초래한다.

◆ **상담 이론 및 기술 부족**: 다양한 상담 이론 및 기술에 대한 이해 부족은 상담과정의 효과성을 저하시킬 수 있다.

___💡 해결 방안

◆ 전문적인 교육 및 훈련 참여: 정기적인 교육 프로그램 참여, 워크숍 참여, 자격증 취득 등을 통해 전문성을 지속적으로 개발해야 한다.

◆ 최신 진로 정보 및 트렌드 습득: 관련 업계 뉴스, 보고서, 연구 자료 등을 지속적으로 확인하고, 최신 트렌드를 파악해야 한다.

◆ 상담 이론 및 기술 학습: 다양한 상담 이론 및 기술을 학습하고, 상담 실무에 적용하는 능력을 향상해야 한다.

2) 진로상담자의 개인적인 문제

특징

◆ **개인적인 감정 및 문제에 대한 과도한 노출**: 상담과정에서 개인적인 감정이나 문제를 내담자에게 과도하게 드러내는 것은 전문적인 태도를 저해하고 상담 관계 형성에 부정적인 영향을 미칠 수 있다.

◆ **불안, 우울, 스트레스 등 심리적 어려움**: 상담자의 심리적 어려움은 상담과정에 집중하지 못하게 하고, 내담자에게 부정적인 영향을 미칠 수 있다.

◆ **개인적인 편견 및 가치관 강요**: 상담자의 개인적인 편견이나 가치관을 내담자에게 강요하는 것은 내담자의 자기 선택을 방해하고 상담 관계를 악화시킬 수 있다.

해결 방안

◆ 전문적인 감독 및 상담 받기(슈퍼비전 받기): 개인적인 문제로 인해 상담에 어려움을 겪는 경우 전문적인 감독 및 상담을 받는 것이 중요하다.

◆ 심리적 건강 관리: 충분한 휴식, 운동, 여가 활동 등을 통해 심리적 건강을 관리하고 스트레스를 해소해야 한다.

◆ 객관적인 태도 유지: 상담과정에서 객관적인 태도를 유지하고, 내담자의 선택을 존중해야 한다.

3) 진로상담자의 의사소통 문제

특징

- **경청 부족 및 공감 능력 부족**: 내담자의 이야기를 주의 깊게 경청하지 않거나, 내담자의 감정에 공감하지 못하는 경우 상담 효과를 저하시킬 수 있다.
- **불명확한 설명 및 지시**: 내담자에게 이해하기 어려운 전문 용어 사용이나 명확하지 않은 설명은 혼란을 야기하고 불만족을 초래할 수 있다.
- **비효율적인 질문**: 내담자의 상황을 정확하게 파악하지 못하거나, 상담목표에 도움이 되지 않는 질문은 상담과정을 지연시킬 수 있다.

해결 방안

- 적극적인 경청 및 공감 능력 향상: 내담자의 이야기에 집중하고, 눈 맞춤, 고개 끄덕이기 등으로 공감을 표현해야 한다.
- 명확하고 이해하기 쉬운 설명: 전문 용어 사용을 최소화하고, 내담자의 수준에 맞춘 설명을 제공해야 한다.
- 효율적인 질문 활용: 상담목표 달성에 도움이 되는 질문을 통해 내담자의 생각과 감정을 탐색하고, 자기 이해를 돕는 질문을 활용해야 한다.

4) 진로상담자의 윤리적 문제

특징

◆ **개인정보 보호 미흡**: 내담자의 개인정보를 제3자에게 유출하거나, 상담 내용을 비밀리에 유지하지 못하는 것은 윤리적 위반이며, 내담자에게 심각한 피해를 줄 수 있다.

◆ **상담 목적 혼동**: 상담자의 개인적인 이익을 위해 상담과정을 이용하거나, 내담자에게 부적절한 행동을 하는 것은 윤리적 위반이다.

◆ **전문적 관계 형성 부족**: 상담자와 내담자의 관계는 엄격하게 전문적인 기준에 따라 유지되어야 하며, 개인적인 관계로 발전하거나 착취적인 관계를 형성하는 것은 윤리적 위반이다.

해결 방안

◆ 윤리 강령 준수: 상담 윤리 강령을 숙지하고, 모든 상담과정에서 윤리적 기준을 준수해야 한다.

◆ 개인정보 보호 철저히 준수: 내담자의 개인정보를 철저히 보호하고, 상담 내용을 비밀로 유지해야 한다.

◆ 전문적인 태도 유지: 상담과정에서 객관적이고 전문적인 태도를 유지하고, 내담자와의 관계를 전문적인 기준에 따라 유지해야 한다.

5) 진로상담자가 고려할 사항

- 진로상담 분야는 지속적으로 변화하고 발전하고 있기 때문에, 상담자는 최신 정보와 트렌드를 습득하기 위해 끊임없이 노력해야 한다.
- 상담자는 다양한 내담자를 만나게 되므로, 다양한 문화, 가치관, 배경을 이해하고 존중하는 태도를 갖추는 것이 중요하다.
- 상담자는 자신의 개인적인 성장과 발전에도 힘써야 한다. 자기 자신을 이해하고 성장하는 것은 내담자를 더 잘 이해하고 돕는 데 도움이 될 것이다.

4. 진로상담에서 다양한 면담 기법의 적용

진로를 선택하고 결정하는 일은 인생에서 매우 중요한 과업 중 하나이다. 특히 청소년기와 청년기에는 자신의 적성과 흥미, 가치관을 탐색하고 이를 바탕으로 진로를 모색하게 된다. 하지만 이 과정이 언제나 순탄하지만은 않다. 자신에 대한 이해가 부족하거나, 현실적인 제약으로 인해 진로 선택에 어려움을 겪는 경우가 많다.

이런 상황에서 진로상담은 내담자가 자신에 대해 탐색하고, 진로 목표를 설정하며, 구체적인 계획을 세워나가도록 돕는 과정이다. 상담자는 내담자와 협력적 관계를 형성하고, 내담자가 주도적으로 문제를 해결해 나갈 수 있도록 조력한다.

진로상담은 다양한 접근 방식을 활용할 수 있는데, 해결중심 질문 기법, 빙산탐색, 동기면담, 교류분석, 현실치료, 비폭력대화, 나전달법 등이 대표적이다. 각 기법은 저마다의 철학과 기술을 바탕으로 내담자의 변화와 성장을 촉진한다.

이처럼 각기 다양한 기법들은 상담목표와 내담자의 특성에 따라 선택적으로 활용될 수 있다. 이에 여기에서는 진로 고민을 호소하는 내담자의 사례를 제시하고, 앞서 소개한 일곱 가지 상담기법을 적용한 사례를 차례로 살펴보고자 한다. 이를 통해 각 기법이 진로상담 과정에서 어떻게 활용될 수 있는지 구체적으로 확인할 수 있을 것이다.

1) 진로상담 내담자의 호소문제

안녕하세요. 취업 준비 중인 만 29세 김철수입니다.

대학에서는 경영학을 전공했고, 졸업 후에는 아르바이트를 하면서 취업 준비를 해왔습니다. 하지만 몇 년이 지나도록 원하는 회사에 들어가지 못해 많이 좌절하고 있습니다.

사실 취업에 대한 자신감이 많이 없어졌어요. 서류 전형에서 번번이 떨어지다 보니 내가 기업에서 원하는 인재가 아닌 건 아닌지 의구심이 듭니다. 면접을 보러 가도 떨리고 제대로 된 답변을 못할까 봐 두려워요.

게다가 정확히 어떤 직무를 하고 싶은지, 내 적성에 맞는 일이 뭔지도 잘 모르겠어요. 경영학을 전공했지만 구체적으로 기획, 마케팅, 영업, 인사 등 많은 세부 분야가 있어서 혼란스러워요.

취업 준비를 하면서 여러 스펙을 쌓으려 노력했지만, 막상 기업에서 원하는 역량을 갖추지 못한 것 같아 막막합니다. 영어 점수나 자격증이 부족한 건 아닌지, 경험이 많이 없어서 기업에서 탐탁지 않게 여기는 건 아닌지 고민이에요.

이렇게 취업이 잘 안 되다 보니 점점 의욕도 없어지고, 무엇을 어떻게 준비해야 할지 갈피를 잡지 못하겠어요. 취업에 성공하는 게 너무 어려워 보이고, 앞으로 어떻게 해야 할지 방향을 잡기가 쉽지 않네요.

취업 준비생으로서 겪는 여러 어려움들 때문에 힘든 시기를 보내고 있습니다. 하루빨리 좋은 회사에 취직해서 제 꿈을 펼치고 싶은데, 그 길이 막연하게만 느껴집니다.

2) 생애진로사정(LCA)

(1) 생애진로사정의 개요

생애진로사정(Life Career Assessment: LCA)은 상담자가 내담자의 생애 전반에 대한 이해를 바탕으로 진로문제를 해결하도록 돕는 면담 기법이다(김봉환, 2019). 이는 아들러의 개인심리학에 기초하여 개발된 구조화된 면접 방식으로, 내담자의 생애에 대한 통합적인 이해를 목표로 한다.

생애진로사정은 크게 다음의 네 부분으로 구성된다.

◆ **진로사정**: 내담자의 직업 경험, 교육 경험, 관심사 및 여가활동 등을 탐색
◆ **일상적인 하루**: 내담자의 일상생활 패턴과 시간 관리 방식 탐색
◆ **강점과 약점**: 내담자 스스로 자신의 강점과 약점을 인식하고 평가
◆ **요약**: 앞서 탐색한 내용을 종합하여 내담자의 생애 전반에 대한 이해를 도모

생애진로사정은 주로 상담 초기에 활용되며, 내담자 중심의 접근을 통해 라포를 형성하고 내담자의 자기 이해를 증진시키는 데 도움을 준다. 이를 통해 내담자는 자신의 진로문제를 보다 명확히 인식하고, 해결을 위한 실천 계획을 세울 수 있게 된다. 이를 통해 형성된 내담자에 대한 깊이 있는 이해는 진로상담의 기반이 되어, 내담자가 자신에게 적합한 진로를 찾아갈 수 있도록 돕는다. 또한 생애진로사정을 통해 내담자와 상담자 간의 긍정적인 관계가 형성되어, 이후 상담과정의 원활한 진행을 기대할 수 있다.

이 과정을 통해 내담자는 자신의 경험과 특성에 대해 깊이 있게 탐색하고, 가치관과 행동 양식을 이해할 수 있게 된다. 상담자는 내담자가 제공한 정보를 바탕으로 내담자의 진로문제를 보다 효과적으로 파악하고 해결 방안을 모색할 수 있다.

(2) 생애진로사정의 단계[1]

◈ 진로사정

진로사정 단계에서는 내담자의 직업 경험, 교육 경험, 관심사 및 여가활동 등을 탐색한다. 상담자는 개방형 질문을 통해 내담자의 경험을 이끌어 내고, 경청과 공감을 바탕으로 내담자가 자신의 경험을 충분히 탐색할 수 있도록 도와준다. 이 과정에서 내담자의 가치관, 성격, 흥미 등이 자연스럽게 드러날 수 있다. 상담자는 내담자의 진술을 요약하고 반영하여 내담자가 자신의 경험을 객관적으로 바라볼 수 있게 한다.

---

1) 부록 2 '생애진로사정 활동지' 활용

- 지금까지 어떤 직업을 경험해 보셨나요? 각 직업에서 어떤 일을 하셨나요?
  - 그 일을 하면서 가장 보람을 느꼈던 순간은 언제인가요? 그 이유는 무엇인가요?
  - 반대로 가장 힘들었던 순간은 언제인가요? 어떤 점이 힘들었나요?
- 학창시절에 어떤 교육 경험이 기억에 남나요? 그 이유는 무엇인가요?
  - 학업 외에 어떤 활동(동아리, 봉사활동 등)에 참여하셨나요? 그 경험이 자신에게 어떤 영향을 주었다고 생각하시나요?
- 여가 시간에는 주로 어떤 활동을 즐기시나요? 그 활동을 통해 얻는 것은 무엇인가요?

일상적인 하루

일상적인 하루 단계에서는 내담자의 일상생활 패턴과 시간 관리 방식을 살펴본다. 상담자는 내담자의 하루 일과를 구체적으로 묻고, 그 속에서 내담자의 우선순위, 가치관, 생활 방식 등을 파악한다. 이를 통해 내담자의 삶의 균형과 만족도를 가늠할 수 있다. 상담자는 내담자가 자신의 일상을 돌아보고 개선점을 찾을 수 있도록 촉진적 질문을 활용한다. 특히, 내담자의 일상생활의 패턴이 의존적인지 주도적인지, 임의적(충동적)인지 체계적인지를 파악하는 것이 중요하다.

- 평일의 일상적인 하루 일과가 어떻게 되나요? 시간 순서대로 말씀해 주세요.
- 주말이나 휴일에는 어떻게 시간을 보내시나요?
- 하루 중 가장 중요하게 여기는 시간은 언제인가요? 그 이유는 무엇인

가요?

- 현재의 일상에서 개선하고 싶은 점이 있다면 무엇인가요?

💡 강점과 약점

강점과 약점 단계에서는 내담자 스스로 자신의 강점과 약점을 인식하고 평가하도록 돕는다. 상담자는 내담자가 자신의 강점과 약점을 구체적으로 언급할 수 있도록 격려하고, 각각의 강점과 약점이 내담자의 삶에 어떤 영향을 미치는지 탐색한다. 이 과정에서 내담자는 자신에 대한 이해를 깊이 있게 확장할 수 있다. 상담자는 내담자의 강점을 강화하고 약점을 보완할 수 있는 방안에 대해 함께 고민한다.

- 자신의 가장 큰 강점 세 가지는 무엇이라고 생각하시나요?
  - 그 강점들이 지금까지 자신의 삶에 어떤 영향을 미쳤나요?
- 반대로 자신의 약점 세 가지는 무엇인가요?
  - 그 약점들이 삶에 어떤 영향을 미쳤나요?
  - 약점을 극복하기 위해 어떤 노력을 해오셨나요?
- 앞으로 강점을 어떻게 활용하고, 약점을 어떻게 보완할 계획인가요?

💡 요약

요약 단계에서는 앞서 탐색한 내용을 종합하여 내담자의 생애 전반에 대한 이해를 도모한다. 상담자는 내담자의 경험, 강점, 약점, 가치관 등을 통합하여 내담자의 삶의 주제와 패턴을 파악한다. 이를 내담자에게 피드백하여 내담자 스스로 자신의 삶을 조망할 수 있게 한다. 이 과정에서 내담자의 진로문제와 연결 지어 해석하고,

앞으로의 진로 방향성에 대해 논의한다.

- 지금까지 말씀해 주신 내용을 종합해 볼 때, 자신의 삶의 주제나 패턴이 무엇이라고 생각하시나요?
  - 그 주제나 패턴이 자신의 진로 선택에 어떤 영향을 미쳤다고 보시나요?
- 현재 자신의 진로에 대해 어떤 생각과 느낌을 갖고 계신가요?
- 앞으로의 진로 방향성에 대해 어떤 고민이 있으신가요?
- 오늘 상담을 통해 얻은 깨달음이나 새로운 관점이 있다면 말씀해 주세요.

이렇게 각 단계별로 구체적이고 심층적인 질문을 추가함으로써, 내담자의 생애 전반에 대한 이해를 더욱 깊이 있게 할 수 있다. 이는 내담자 스스로 자신에 대한 통찰을 얻는 동시에, 상담자가 내담자에게 적절한 진로 방향을 제시하는 데 큰 도움이 된다.

(3) 생애진로사정의 활용: 구조화된 면담 기법 적용

지금까지 살펴본 생애진로사정이 진로상담에서 어떻게 활용될 수 있는지 '김철수' 내담자의 사례를 통해 살펴보자.

상담사: 안녕하세요, 철수 씨. 오늘은 생애진로사정을 통해 철수 씨의 삶을 깊이 있게 들여다보고, 앞으로의 진로에 대해 구체적으로 이야기 나누는 시간을 가져보려고 해요. 먼저 철수 씨가 경험했던 직업들에 대해 좀 더 자세히 말씀해 주시겠어요? (진로사정 - 직업 경험)

내담자: 대학 시절 카페에서 아르바이트를 했을 때는 커피를 만드는

것이 재미있었어요. 손님들과 소통하면서 서비스 마인드도 키울 수 있었죠. 편의점에서는 물건 진열과 재고 관리 업무를 주로 했는데, 꼼꼼함이 필요한 일이라는 걸 배웠어요. 졸업 후 중소기업에서는 단순 업무의 반복이 싫어서 적응하기 힘들었던 것 같아요.

상담사: 다양한 경험 속에서 자신의 특성을 발견하셨군요. 카페에서 일할 때는 커피를 만드는 재미와 고객 서비스의 중요성을 느꼈다고 하셨는데, 이런 경험이 철수 씨의 어떤 면에 도움이 되었을까요? 그리고 중소기업에서의 경험은 철수 씨에게 어떤 깨달음을 주었나요? (진로사정 – 직업 경험 심화)

내담자: 카페 아르바이트는 저에게 성취감과 대인관계 능력을 키워주었어요. 메뉴를 완벽하게 만들어 내고 손님들에게 친절히 응대하면서 뿌듯함을 느꼈거든요. 중소기업에서는 단순 반복 업무가 저와 맞지 않다는 걸 깨달았어요. 저는 창의력을 발휘하고 능동적으로 일할 때 더 큰 만족감을 느끼는 것 같아요.

상담사: 그럼 학업이나 교육 경험 중에 가장 기억에 남거나 의미 있었던 부분은 무엇인가요? (진로사정 – 교육 경험)

내담자: 마케팅 수업에서 브랜드 전략을 직접 기획해 보는 프로젝트가 인상 깊었어요. 창의적인 아이디어를 내고 팀원들과 협력하는 과정이 즐거웠어요. 교환학생으로 미국에 있을 때는 다양한 문화를 경험하면서 글로벌 감각을 기를 수 있었죠.

상담사: 좋은 통찰이에요. 마케팅 프로젝트와 교환학생 경험이 철수 씨에게 특별했다고 느껴지는 이유가 무엇인가요? 그 경험들이 철수 씨의 성장에 어떤 영향을 주었을까요? (진로사정 – 교육 경험 심화)

내담자: 마케팅 프로젝트는 제 창의력과 협업 능력을 발휘할 수 있는 계기가 되었어요. 아이디어를 내고 팀원들과 소통하면서 시너지를 만들어 내는 과정이 즐거웠죠. 교환학생 경험은 제 시야를 넓혀주었어요. 다양한 문화를 접하고 글로벌한 감각을 기를 수 있었던 소중한 시간이었어요.

상담사: 프로젝트 활동과 해외 경험이 철수 씨에게 특별한 의미로 다가왔군요. 여가 시간에는 어떤 활동을 즐기시나요? (진로사정 – 여가활동)

내담자: 농구는 제가 가장 좋아하는 취미예요. 팀 스포츠를 통해 협동심도 기를 수 있고, 운동 후에는 상쾌한 기분을 느낄 수 있어요. 등산은 자연 속에서 힐링하는 시간이 되죠. 영화나 책은 제 마음을 풍요롭게 해 주는 것 같아요.

상담사: 다양한 여가활동을 통해 에너지를 얻고 계시는군요. 철수 씨의 여가활동을 보면, 운동과 문화생활로 균형을 잡고 계시는 것 같아요. 농구를 통해 느끼는 협동심이나 영화, 책을 통해 얻는 감동이 철수 씨에게 어떤 의미로 다가오나요? (진로사정 – 여가활동 심화)

내담자: 농구는 팀워크의 중요성을 일깨워주는 활동이에요. 혼자가 아닌 함께 목표를 향해 노력할 때의 즐거움을 알게 해 주죠. 영화나 책은 제 감성을 풍부하게 해 줘요. 다양한 삶의 모습을 간접적으로 경험하면서 세상을 바라보는 안목이 넓어지는 것 같아요.

상담사: 일상적인 하루 일과를 좀 더 구체적으로 말씀해 주세요. (일상적인 하루)

내담자: 아침 7시에 일어나서 영어 공부를 한 시간 정도 해요. 그 후에

는 자격증 공부를 하는데, 하루에 2~3시간 정도 투자해요. 점심 식사 후에는 구직 사이트에서 채용 정보를 찾고, 관심 있는 기업을 조사해요. 저녁에는 자기소개서 작성이나 면접 예상 질문을 준비하고 있어요. 취침 전에는 가볍게 독서를 하며 하루를 마무리하죠.

상담사: 규칙적이고 체계적인 하루 일과가 인상적이에요. 철수 씨의 일상을 보니 자기계발에 많은 시간을 투자하고 계시네요. 영어 공부와 자격증 공부, 구직 활동까지 알차게 하루를 보내고 있는데, 이런 노력들이 철수 씨에게 어떤 의미인지 궁금해요. (일상적인 하루 탐색)

내담자: 저에게 하루하루는 미래를 위한 준비과정이에요. 영어와 자격증은 취업 시장에서 경쟁력을 높여줄 수 있는 요소라고 생각해요. 구직 활동은 제 진로를 구체화하는 시간이죠. 하루를 알차게 보낼수록 목표에 다가가고 있다는 만족감을 느껴요.

상담사: 철수 씨가 생각하는 자신의 대표적인 강점 세 가지는 무엇인가요? (강점 파악)

내담자: 첫 번째 강점은 책임감이에요. 맡은 일은 최선을 다해 완수하려고 노력하거든요. 두 번째는 긍정적인 마인드예요. 어려운 상황에서도 희망을 잃지 않고 해결책을 찾아요. 세 번째는 커뮤니케이션 능력인 것 같아요. 다른 사람의 의견을 경청하고 공감하는 편이라 팀워크가 필요한 일을 잘할 수 있어요.

상담사: 훌륭한 강점들을 가지고 계시네요. 철수 씨가 말씀해 주신 책임감, 긍정적 마인드, 커뮤니케이션 능력은 앞으로의 진로에 큰 자산이 될 거예요. 반면에 개선이 필요한 약점 세 가지는 어떤 것이 있을까요? (약점 파악)

내담자: 우선 결정장애가 있어요. 선택의 순간이 오면 망설이게 되고, 결국 기회를 놓치는 경우가 많죠. 두 번째는 지나친 완벽주의 성향이에요. 모든 일을 완벽하게 해 내고 싶은 마음에 스트레스를 받곤 해요. 마지막으로는 새로운 환경에 적응하는 게 느린 편이에요. 낯선 상황이 주어지면 당황스러워하고 위축되는 모습을 보여요.

상담사: 약점으로 꼽은 결정장애, 지나친 완벽주의, 낮은 적응력은 어떻게 하면 극복할 수 있을까요? 약점을 보완하기 위해 어떤 노력을 해 볼 수 있을지 함께 고민해 보면 좋겠어요. (강점 및 약점 탐색)

내담자: 결정장애를 극복하기 위해서는 선택의 기준을 세우는 연습을 해야 할 것 같아요. 지나친 완벽주의는 '완벽한 것은 없다.'는 사실을 받아들이는 게 중요하겠죠. 새로운 환경에 적응하는 능력을 기르기 위해서는 낯선 상황에 점진적으로 노출되는 연습이 도움될 거 같아요.

상담사: 정말 구체적이고 실천적인 방안들이에요. 철수 씨의 통찰력에 감탄하게 되네요. 지금까지 말씀해 주신 내용을 종합해 볼게요. (요약) 철수 씨는 서비스업과 사무직을 경험하면서 자신의 특성과 업무 적합도를 파악하게 되었어요. 마케팅 프로젝트와 교환학생 경험은 창의력, 협업 능력, 글로벌 감각을 키워주었죠. 여가활동은 철수 씨에게 팀워크와 풍부한 감성을 선물해 주었고요. 일상에서는 자기계발을 통해 미래를 준비하는 알찬 시간을 보내고 계셨어요. 강점을 발휘하면서 약점을 보완해 나간다면 철수 씨가 원하는 진로를 찾아갈 수 있을 거라 확신해요. 앞으로도 함께 고민하고 노력해 나가요.

내담자: 선생님, 오늘 제 자신을 돌아보는 값진 시간이었어요. 강점을 더욱 단단히 하고 약점은 차근차근 보완해 나가면서 제 길을 개척해 나갈게요. 앞으로도 선생님께 진로에 대해 조언을 구하고 싶어요. 정말 감사합니다.

3) 해결중심상담의 질문 기법

해결중심상담은 문제의 원인을 파악하고 제거하는 것보다는 문제해결에 초점을 맞추는 상담 접근 방법으로, 진로상담에서도 효과적으로 활용될 수 있다. 이 접근법은 내담자가 자신의 문제를 해결할 수 있는 능력과 자원을 가지고 있다고 가정하며, 상담자는 이를 발견하고 활용할 수 있도록 돕는 역할을 한다(정문자, 송성자, 이영분, 김유순, 김은영, 2008).

이를 위해 다양한 질문 기법을 활용한다. 예를 들어, 상담 전 변화에 관한 질문, 예외질문, 기적질문, 척도질문, 대처질문, 관계성질문, 첫 회기 과제 공식질문 등이 있다. 이러한 질문을 통해 내담자가 자신의 문제를 인식하고, 문제해결에 대한 의지를 강화하며, 자신의 강점과 자원을 발견하고 활용할 수 있도록 돕는다.

(1) 해결중심상담의 질문 기법 종류

◈ 상담 전 변화에 관한 질문

상담을 약속한 후, 상담 장소로 오기까지 어떤 변화가 있었는지를 묻는 질문이다. 이 질문은 내담자가 이미 가지고 있는 문제해결 능력을 인정하고, 문제해결에 대한 자신감을 심어주는 데 효과적이다.

- 진로상담을 신청한 이후부터 오늘까지, 자신의 진로에 대한 생각이나 느낌에서 어떤 변화가 있었나요?
- 상담을 받기로 결심한 후, 진로 탐색을 위해 시도해 본 새로운 활동이나 행동이 있다면 무엇인가요?
- 상담 신청 이후 지금까지, 자신의 강점이나 잠재력에 대한 인식에 변화가 있었다면 어떤 점이었나요?

✦ 예외질문

문제가 발생하지 않는 상황이나 예외적인 상황을 발견하고, 이를 강조하는 질문이다. 이 질문은 문제의 발생 원인을 파악하고, 문제해결에 필요한 자원을 찾는 데 도움을 준다.

- 문제가 덜 심각했던 순간이나 상황이 있었다면, 그때는 어떤 점이 달랐나요?
- 문제가 발생하지 않았던 때를 떠올려 보세요. 그때 어떤 일이 일어났었나요?
- 과거에 진로 관련 어려움을 잘 극복했던 경험이 있다면, 그때 어떤 자원이나 방법이 도움이 되었나요?

✦ 기적질문

문제가 해결된 상황을 상상하게 하여 문제의 심각성을 축소하고, 해결책을 발견할 수 있도록 돕는 질문이다. 이 질문은 내담자가 문제해결에 대한 희망을 가지고, 문제해결에 대한 의지를 강화하는 데 효과적이다.

- 오늘 밤 당신이 잠든 사이에 기적이 일어나 모든 문제가 해결되었다고 상상해 보세요. 아침에 일어났을 때, 어떤 변화를 가장 먼저 알아차릴 수 있을까요?
- 이상적인 진로를 찾아 행복하게 살아가고 있는 자신을 상상해 보세요. 그때의 일상은 지금과 어떻게 다를까요?
- 기적적으로 진로문제가 해결되어 자신이 가장 바라는 모습으로 살아 간다면, 주변 사람들은 무엇이 달라졌다고 말할까요?

◈ 척도질문

문제의 정도나 변화를 수치로 표현하게 하여 문제를 구체화하고, 해결책을 모색할 수 있도록 돕는 질문이다. 이 질문은 문제의 심각성을 파악하고, 문제해결에 필요한 시간과 노력을 예측하는 데 도움을 준다.

- 0점은 문제가 가장 심각한 상태, 10점은 문제가 완전히 해결된 상태라고 할 때, 지금 당신은 몇 점 정도라고 생각하시나요?
- 현재 상황이 3점이라면, 4점으로 올라가기 위해 어떤 작은 변화가 필요할까요?
- 5점에서 7점으로 진전하기 위해 자신이 할 수 있는 구체적인 행동에는 어떤 것들이 있을까요?

◈ 대처질문

어려운 상황에서도 잘 대처한 경험을 발견하고, 이를 강조하는 질문이다. 이 질문은 내담자가 자신의 강점과 능력을 인식하고, 문제해결에 대한 자신감을 높이는 데 효과적이다.

- 이전에 비슷한 어려움을 겪었지만, 잘 헤쳐 나갔던 경험이 있나요? 그때 어떤 대처 방법이 도움이 되었나요?
- 진로 선택의 어려움을 겪으면서도 포기하지 않고 계속 나아갈 수 있었던 원동력은 무엇이었나요?
- 힘든 시기를 이겨내기 위해 자신에게 어떤 격려의 말을 해 주고 싶나요?

◈ 관계성 질문

내담자와 중요한 관계를 맺고 있는 사람들과의 관계를 탐색하고, 그 관계 속에서 해결책을 발견할 수 있도록 돕는 질문이다. 이 질문은 내담자가 자신의 주변 환경을 이해하고, 문제해결에 필요한 지원을 받는 데 도움을 준다.

- 진로를 고민할 때 가장 든든한 조언자가 되어주는 사람은 누구인가요?
- 자신의 진로 이야기를 나누면 긍정적인 에너지를 받을 수 있는 사람이 있다면 그 사람과 어떤 대화를 하고 싶나요?
- 진로를 결정하고 준비해 나가는 과정에서, 주변의 어떤 사람들과 함께하면 힘이 될까요?

◈ 첫 회기 과제 공식질문

상담에서 다룰 문제를 선정하고 해결책을 모색하기 위해 첫 회기에서 사용하는 질문이다. 이 질문은 상담의 목표를 설정하고, 상담의 방향성을 제시하는 데 도움을 준다.

- 오늘 상담에서 진로와 관련하여 가장 중점적으로 이야기하고 싶은 주제는 무엇인가요?
- 앞으로의 상담을 통해 진로문제에 있어 어떤 변화를 만들어 내고 싶으신가요?
- 다음 상담 전까지 진로 탐색을 위해 시도해 보고 싶은 과제나 활동이 있다면 무엇인가요?

(2) 해결중심상담의 활용: 내담자의 자원과 강점에 초점

해결중심 질문 기법은 내담자의 강점과 자원에 초점을 맞추어, 과거의 성공 경험과 미래의 희망을 탐색하는 기법이다(정문자 외, 2008). 문제 자체보다는 해결책에 주목하여, 내담자가 원하는 변화를 이끌어 내는 데 중점을 둔다. 상담자는 예외 질문, 기적 질문, 척도 질문 등을 활용하여 내담자의 변화 동기를 높이고, 구체적인 행동 계획을 수립하도록 돕는다.

이러한 해결중심 질문 기법이 진로상담에서 어떻게 활용될 수 있는지 구체적인 사례를 통해 살펴보자.

상담사: 안녕하세요, 철수 씨. 지금 취업 준비 과정에서 여러 어려움을 겪고 계시는 것 같네요. 함께 해결책을 찾아보면 좋겠어요. 지금까지 취업 준비를 하면서 가장 힘들었던 점은 무엇인가요? (문제 탐색)

내담자: 제일 힘든 건 자신감이 없어진 거예요. 서류에서 자꾸 떨어지다 보니 제가 부족한 사람인 것 같고, 면접도 망칠까 봐 두려워요.

상담사: 자신감 없는 마음이 크시군요. 그런데 지금까지 취업 준비를

열심히 해오셨잖아요? 어떤 노력을 하셨나요? (예외 질문)

내담자: 아르바이트도 하고, 영어 공부도 했어요. 자격증도 땄고요. 최선을 다했다고 생각했는데 결과가 좋지 않으니까요.

상담사: 네, 정말 열심히 준비하셨네요. 노력한 만큼 결과가 바로 나오지 않아서 속상하셨겠어요. 그런데 그 과정에서 철수 씨의 강점도 발견하셨을 것 같아요. 어떤 강점이 있으신 것 같나요? (강점 탐색)

내담자: 음… 꾸준함이랄까요? 쉽게 포기하지 않고 계속 도전했던 것 같아요.

상담사: 맞아요, 쉽지 않은 상황에서도 끝까지 노력하는 근성이 있으시군요. 철수 씨에게는 분명 많은 장점이 있을 거예요. 만약 그런 장점을 살려서 앞으로 취업 준비를 한다면 어떤 변화가 있을까요?

내담자: 더 자신감 있게 임할 수 있을 것 같아요. 제 강점을 어필하면서 면접도 잘 볼 수 있지 않을까요?

상담사: 좋은 생각이에요. 강점에 집중하면 분명 좋은 결과가 있을 거예요. 그럼 지금부터 일주일 동안 철수 씨가 가진 강점을 최대

한 활용해서 취업 준비를 해 보시는 건 어떨까요? 실천 계획을
세워볼까요?

내담자: 좋아요. 우선 제가 잘하는 걸 중심으로 자기소개서를 다시 써
볼게요. 모의 면접도 적극적으로 해 보고요. 한 95% 정도는
실천할 수 있을 것 같아요.

상담사: 정말 잘하실 수 있을 거라 믿어 의심치 않아요. 작은 성취감이
쌓이다 보면 어느새 큰 자신감이 생길 거예요. 응원하고 있으
니 힘내세요! (격려와 지지)

4) 사티어 모델의 빙산탐색 기법

사티어의 빙산탐색 기법은 빙산과 같이 표면적 행동 아래에 있는
감정, 지각, 기대, 열망, 자아개념 등 다양한 차원을 탐색함으로써
개인의 내면을 깊이 있게 이해하는 데 도움이 된다(김영애, 2012). 사
티어의 빙산탐색기법을 진로상담에 적용하는 것은 내담자의 자기
이해를 증진시키고, 진로장벽을 극복하며, 내적 동기를 발견하고,
전인적 접근을 가능하게 하며, 자기주도성을 강화시킬 수 있다는 점
에서 매우 필요하고 유용한 접근법이다. 이 기법을 통해 내담자는
자신의 내면에 대한 이해와 수용을 바탕으로 능동적으로 진로를 개
척해 나갈 수 있으며, 진로 고민을 보다 본질적이고 장기적인 관점
에서 해결해 나갈 수 있다.

(1) 빙산탐색 기법의 종류

◈ 표면적 행동 탐색

• 현재 진로를 탐색하는 과정에서 어떤 행동을 하고 있나요?

• 진로 선택과 관련하여 가장 최근에 취한 행동은 무엇인가요?

• 진로 준비를 위해 일상적으로 하는 활동들이 있다면 어떤 것들이 있나요?

◈ 감정 탐색

• 현재 자신의 진로에 대해 어떤 감정을 느끼고 있나요?

• 진로를 탐색하는 과정에서 가장 강하게 느껴지는 감정은 무엇인가요?

• 원하는 진로를 떠올렸을 때 어떤 기분이 드나요?

◈ 지각 탐색

• 현재 자신의 진로 상황을 어떻게 바라보고 있나요?

• 자신의 적성과 흥미에 대해 어떻게 생각하시나요?

• 주변 사람들이 당신의 진로에 대해 어떻게 생각할 것이라고 예상하시나요?

◈ 기대 탐색

• 진로 선택을 통해 궁극적으로 이루고 싶은 것은 무엇인가요?

• 이상적인 직업 생활의 모습을 그려본다면 어떤 모습일까요?

• 진로결정에 있어 주변의 기대와 본인의 기대 사이에 차이가 있다면 어떤 점들인가요?

- 어떤 가치관을 가장 중요하게 여기시나요?
- 삶에서 꼭 이루고 싶은 목표나 꿈이 있다면 무엇일까요?
- 진정으로 원하는 삶의 모습은 어떤 것인가요?

◈ 자아개념 탐색

- 자신의 강점이나 장점은 무엇이라고 생각하시나요?
- 스스로 어떤 사람이라고 표현한다면 어떻게 말씀하시겠어요?
- 진로를 선택하는 데 있어 자신감을 얻는 원천은 무엇인가요?

(2) 빙산탐색 기법의 활용

빙산탐색은 문제행동 이면에 감춰진 감정, 욕구, 신념 등을 심층적으로 탐색하는 기법이다(김영애, 2012). 빙산의 일각인 문제행동 아래에는 보다 근원적인 내면의 요소들이 자리 잡고 있다고 보는 관점에서 출발한다. 상담자는 공감과 수용을 바탕으로 내담자의 내면을 섬세하게 살피고, 통찰을 촉진함으로써 근본적인 변화를 이끌어 낸다.

이러한 빙산탐색 기법이 진로상담에서 어떻게 활용될 수 있는지 구체적인 사례를 통해 살펴보자.

> 상담사: 안녕하세요, 철수 씨. 요즘 취업 준비로 스트레스를 많이 받고 계신 것 같아요. 오늘은 그 부분에 대해 깊이 있게 알아보는 시간을 가져볼게요. 지금 느끼시는 감정을 한 단어로 표현한다면 무엇일까요? (감정 탐색)
>
> 내담자: 좌절감이에요. 계속 실패하니까 자존감도 낮아지고, 제가 무

능한 사람인 것 같아요.

상담사: 좌절감과 무능함을 느끼고 계시는군요. 취업이 잘 안 될 때 그런 감정이 들 수 있어요. 혹시 그런 감정이 들 때 어떤 생각이 드나요? (생각 탐색)

내담자: '내가 왜 이렇게 못할까?' '나는 취업에 필요한 능력이 없나 봐.' 하는 생각이 자꾸 들어요.

상담사: 자신을 부정적으로 바라보는 생각이 강해지는 것 같네요. 그런 생각의 이면에는 어떤 욕구가 있을까요? 취업을 통해 이루고 싶은 것이 있다면 무엇일까요? (욕구 탐색)

내담자: 제 능력을 인정받고 싶어요. 스스로 가치 있는 사람이라고 느끼고 싶습니다. 경제적으로도 독립하고 싶고요.

상담사: 능력을 인정받고, 자존감을 높이고 싶은 욕구가 있으시군요. 충분히 이해됩니다. 그런데 그런 욕구 밑에는 어떤 신념이 자리 잡고 있을까요? 취업에 대해 어떤 믿음을 갖고 계신가요? (신념 탐색)

내담자: 취업해야 인생이 풀린다고 생각했어요. 좋은 회사에 들어가야 성공한 거라고 여겼죠. 그게 안 되니까 절망스러워요.

상담사: 취업을 인생의 전부로 여기는 신념이 강하시군요. 그 신념 속에는 어떤 두려움이 내재되어 있을까요? 취업이 안 될까 봐 가장 걱정되는 부분이 무엇인가요? (두려움 탐색)

내담자: 제 자신이 한심해 보여요. 아무것도 이루지 못한 채 세월만 흘러가는 게 무서워요. 부모님께도 실망을 드릴까 봐 두렵고요.

상담사: 자신과 가족에 대한 실망감이 크시군요. 취업이 인생의 큰 부분을 차지하다 보니 그에 대한 불안감도 크신 것 같아요. (…중략…) 철수 씨, 오늘 깊은 내면의 이야기를 들려주셔서 감사

합니다. 함께 바라보니 좀 더 마음이 편안해지시나요? (통찰 유도)

내담자: 네, 생각보다 마음속에 여러 감정들이 있었네요. 취업 때문에 많이 힘들어하고 있구나 싶어요.

상담사: 맞아요. 취업이 삶의 중요한 부분이지만 인생의 전부는 아니에요. 지금의 과정도 소중한 경험이 될 거예요. 앞으로도 함께 취업 스트레스를 관리하고, 철수 씨의 내면을 잘 돌보는 시간 가져봐요. 작은 성취감이 쌓이다 보면 어느새 자신감도 생길 거라 믿어요. (재구조화, 격려)

5) 동기면담의 핵심기술

동기면담은 내담자의 내재적 동기를 이끌어 내어 변화를 촉진하는 상담 기법이다(신수경, 조성희, 2016). 진로상담에서 동기면담의 핵심기술을 활용하면 내담자가 스스로 진로 탐색과 선택의 필요성을 인식하고, 자발적으로 행동을 변화시켜 나갈 수 있도록 도울 수 있다. 동기면담의 주요 기술로는 공감 표현하기, 불일치감 만들기, 저항 다루기, 자기효능감 지지하기 등이 있다. 상담자는 이러한 기법을 통해 내담자의 진로 고민을 깊이 이해하고, 내담자가 주도적으로 진로를 설계해 나갈 수 있도록 지원한다.

(1) 동기면담의 핵심기술 종류

💡 공감 표현하기

- 지금 진로를 탐색하는 과정이 쉽지 않은 것 같아요. 어떤 점이 가장 힘

드신가요?

- 진로 선택에 있어 고민이 많으시군요. 그런 고민 속에서 어떤 마음이 드시나요?
- 진로에 대한 스트레스로 지쳐 보이시네요. 어떤 도움이 필요할까요?

✦ 불일치감 만들기

- 지금의 진로 상황과 앞으로 이루고 싶은 목표 사이에는 어떤 차이가 있을까요?
- 현재의 진로 준비 정도로는 원하는 진로로 나아가기 어려울 것 같다는 생각이 드시나요?
- 10년 후의 당신은 지금과 어떤 점이 달라져 있을 거라고 예상하시나요?

✦ 저항 다루기

- 진로를 결정하는 게 두렵고 망설여지는 마음이 드시는군요. 그런 마음도 충분히 이해합니다.
- 진로를 바꾸는 게 쉽지 않은 과정이라는 걸 알고 있습니다. 그래도 작은 변화의 시도들은 어떨까요?
- 진로에 대한 압박감이 크신 것 같아요. 그런 부담감을 조금씩 내려놓는 것은 어떨까요?

✦ 자기효능감 지지하기

- 지금까지 진로를 위해 어떤 노력을 해오셨나요? 그 노력들을 어떻게 평가하시나요?
- 과거에 어려운 상황을 잘 헤쳐나갔던 경험이 있으신가요? 그때의 자

신의 모습을 떠올려 보면 어떤 느낌이 드시나요?

• 앞으로 진로를 개척해 나가는 데 있어, 자신의 어떤 강점을 활용할 수 있을 것 같나요?

(2) 동기면담의 활용: 내담자의 변화 동기 증진

동기면담은 내담자의 변화에 대한 양가감정을 탐색하고, 내적 동기를 강화하는 데 주안점을 두는 기법이다(신수경, 조성희, 2016). 내담자가 스스로 변화의 필요성을 인식하고, 변화에 대한 자신의 역량을 발견하도록 돕는다. 상담자는 공감, 불일치 지적, 저항 줄이기, 자기효능감 지지 등의 기술을 사용하여 내담자의 변화 동기를 높인다.

이러한 동기면담 기법이 진로상담에서 어떻게 활용될 수 있는지 구체적인 사례를 통해 살펴보자.

상담사: 안녕하세요, 철수 씨. 오늘은 취업 준비 과정에서 겪는 어려움에 대해 이야기 나누어 보고 싶어요. 먼저 제가 궁금한 게 있는데요, 철수 씨는 취업을 하고 싶은 이유가 무엇인가요? (변화동기 탐색)

내담자: 음… 제 능력을 발휘하고 싶어서요. 그리고 경제적으로 독립하고 싶기도 해요.

상담사: 자신의 능력을 발휘하고, 경제적 독립을 이루고 싶군요. 그런 목표를 가지신 것은 정말 멋진 일인 것 같아요. (변화동기 강화) 그런데 그 목표를 이루는 데 있어서 지금 가장 큰 걸림돌은 무엇이라고 생각하시나요? (장애물 탐색)

내담자: 제 자신감이 많이 떨어진 것 같아요. 자꾸 실패하다 보니 스스

로를 부족한 사람으로 여기게 돼요. 그래서 취업 준비에 소극적이게 되는 것 같아요.

상담사: 그런 마음이 드시는 거군요. 충분히 이해가 돼요. 그런데 혹시 과거에 철수 씨가 어려운 상황을 극복했던 경험이 있나요? 그때는 어떤 강점이 도움이 되었나요? (예외 상황 및 강점 탐색)

내담자: 대학교 때 학과 공부가 너무 어려워서 휴학까지 고민했었어요. 그런데 포기하지 않고 끝까지 해 내고 싶은 마음이 강했거든요. 결국 친구들의 도움도 받고, 하루하루 계획을 세워 공부했더니 학점도 잘 받고 졸업할 수 있었어요.

상담사: 정말 인상 깊은 경험이에요. 포기하지 않는 근성과, 계획을 세우는 능력이 철수 씨의 큰 강점으로 보여요. 그 강점을 취업 준비에도 충분히 활용할 수 있을 거예요. 앞으로 어떤 작은 변화를 시도해 볼 수 있을까요? (변화 계획 수립)

내담자: 우선은 제 강점을 살려서 자기소개서를 더 매력적으로 쓰는 연습을 해 보고 싶어요. 그리고 면접도 계획을 세워 준비해야겠어요.

상담사: 멋진 계획이네요. 저는 철수 씨가 충분히 해 낼 수 있다고 믿어요. 만약에 그 계획을 실천하게 된다면, 어떤 좋은 변화가 있을 것 같나요? (변화 결과 예상)

내담자: 자신감도 더 생길 것 같고, 제 강점을 살려서 취업에 도전할 수 있을 것 같아요. 그러다 보면 결국 좋은 결과가 있지 않을까요?

상담사: 맞아요, 분명 좋은 변화가 있을 거예요. 혹시 그 과정에서 어려움이 생기더라도 언제든 다시 상담실을 찾아주세요. 함께 좋은 해결책을 찾아볼 수 있을 거예요. 철수 씨의 변화를 진심으로 응원하고 지지합니다. (지지와 격려)

6) 교류분석

교류분석은 개인의 자아상태와 대인관계 패턴을 분석하여 효과적인 의사소통을 돕는 상담 이론이다(천성문, 이영순, 박명숙, 이동훈, 함경애, 2006). 진로상담에서 교류분석 기법을 활용하면 내담자의 자아상태를 탐색하고, 진로 선택에 영향을 미치는 대인관계 요인들을 파악할 수 있다. 이를 통해 내담자는 자신의 진로 관련 행동 패턴을 이해하고, 보다 기능적인 의사소통 방식을 체득할 수 있다.

교류분석에서는 부모자아, 성인자아, 어린이자아의 세 가지 자아상태를 중심으로 분석이 이루어진다. 또한 스트로크 분석, 거래분석, 인생각본 분석 등의 기법이 활용된다. 상담자는 교류분석의 관점에서 내담자의 진로문제를 조망하고, 효과적인 자기 이해와 의사소통을 지원한다. 이는 내담자가 보다 성숙하고 자율적인 진로 의사결정을 해나가는 데 도움이 될 수 있다.

(1) 교류분석 기법의 종류

⊛ 자아상태 분석

- 평소 진로에 대해 생각할 때, 부모/성인/어린이자아 중 어떤 자아상태에서 주로 사고하고 행동하시나요?
- 부모님이나 선생님 등 권위자의 진로 권유를 받을 때, 어떤 자아상태에서 반응하시나요?
- 본인의 흥미와 적성을 고려한 진로 탐색을 할 때는 어떤 자아상태가 활성화되나요?

◈ 스트로크 분석

- 진로와 관련하여 주변으로부터 어떤 긍정적/부정적 피드백을 받아왔나요?
- 자신의 진로 선택을 존중하고 지지해 주는 사람이 있다면 누구인가요?
- 진로 준비 과정에서 스스로에게 어떤 긍정적 메시지를 주고 싶으신가요?

◈ 교류분석

- 부모님과 진로에 대해 대화할 때, 주로 어떤 유형의 교류(상보/교차/이면)가 이루어지나요?
- 친구들과 진로 고민을 나눌 때, 서로 어떤 자아상태에서 소통하는 편인가요?
- 앞으로 진로 관련 대화에서 성인자아 간 평행거래를 하기 위해 어떤 노력을 해 볼 수 있을까요?

◈ 인생각본 분석

- 어린 시절 자신의 진로에 대해 부모님이 어떤 메시지를 주셨나요? 그 메시지는 지금의 진로 선택에 어떤 영향을 미치고 있나요?
- 본인의 인생각본 속에서 앞으로의 진로는 어떤 모습으로 그려져 있나요?
- 현재의 인생각본이 진정 원하는 진로를 향해 나아가는 데 방해가 된다면, 어떻게 각본을 수정해 볼 수 있을까요?

(2) 교류분석의 활용: 자아상태 이해를 통한 의사소통 개선

교류분석은 자아상태 이론에 기반하여, 개인의 사고, 감정, 행동 패턴을 분석하는 기법이다(천성문, 이영순, 박명숙, 이동훈, 함경애, 2006). 부모, 성인, 어린이 자아상태[2] 간의 역동을 탐색함으로써 내담자의 내면을 이해하고, 효과적인 의사소통 방식을 습득하도록 한다. 상담자는 내담자의 자아상태를 진단하고, 상호보완적 거래를 통해 건강한 관계 형성을 도모한다.

이러한 교류분석 기법이 진로상담에서 어떻게 활용될 수 있는지 구체적인 사례를 통해 살펴보자.

> 상담사: 안녕하세요, 철수 씨. 오늘은 취업 준비 과정에서 겪는 어려움에 대해 이야기 나누어 보고 싶어요. 먼저 지금의 감정을 체크해 볼까요? 0점은 매우 힘듦, 10점은 매우 상쾌함이라고 할 때 지금 기분이 몇 점 정도 되시나요? (감정 점수 체크, 척도질문)
>
> 내담자: 한 3점 정도 되는 것 같아요. 요즘 취업 스트레스로 기분이 좋지 않아요.
>
> 상담사: 3점이면 많이 힘드시겠어요. 제가 볼 때 철수 씨는 지금 CP의 비난에 AC가 반응하면서 반역전 거래를 하고 계신 것 같아요. (자아상태 진단) '할 수 있다, 괜찮다'는 NP의 허가와 함께 '재미있게 해 보자'는 FC의 에너지를 끌어올려 보면 어떨까요? (허가 & 에너지 제안)

----

2) 부모 자아: CP(비판적 부모, Critical Parent)
  NP(양육적 부모, Nurturing Parent)
 성인 자아: A(Adult)
 어린이 자아: FC(자유로운 어린이, Free Child)
  AC(순응하는 어린이, Adapted Child)

내담자: 그게 쉽지가 않아요. 자꾸 부정적인 생각만 들어서요.

상담사: 그럴 때는 내면의 대화를 바꿔보는 것도 도움이 될 거예요. 지금 철수 씨 안에서는 어떤 대화가 오가나요? (내면의 대화 탐색)

내담자: '넌 왜 그렇게 못하니?' '계속 실패만 하는 거 아냐?' 하는 생각이 자꾸 들어요.

상담사: 그 목소리는 CP의 비난이에요. 그런데 그 비난 속에는 사실 철수 씨를 걱정하는 마음도 담겨 있을 거예요. 그 마음을 NP의 따뜻한 목소리로 바꿔볼까요? 예를 들면 '네가 열심히 하는 걸 알아. 조금 더 힘내자'로요. (내면의 대화 변경)

내담자: 네, 그렇게 말하니까 마음이 좀 풀리는 것 같아요.

상담사: 잘하셨어요. 그리고 철수 씨가 잘하는 일, 강점은 무엇일까요? (강점 탐색)

내담자: 음… 친구들을 잘 도와주는 편이에요. 그리고 끈기도 있는 것 같아요.

상담사: 네, 철수 씨는 FC가 활발한 편이군요. 그 끈기와 배려심은 취업 후에도 큰 강점이 될 거예요. 이제 그런 강점을 바탕으로 구체적인 목표를 세워볼까요? 이번 주에는 어떤 일을 해 볼 수 있을까요? (작은 목표 설정)

내담자: 이번 주에는 제 강점을 살려서 자기소개서를 다듬어 보고, 면접 연습을 해 볼게요.

상담사: 좋아요. 그 목표가 달성되면 스스로에게 어떤 보상을 해 주고 싶으신가요? (보상 계획)

내담자: 제가 좋아하는 음식을 사 먹으면서 친구들과 수다를 떨고 싶어요.

상담사: 그거 정말 즐거운 보상이 될 것 같아요. 목표를 향해 나아가다 보면 어느새 자신감도 생길 거예요. 그리고 꼭 기억해 주세요. 취업은 철수 씨의 가치를 결정하지 않아요. 지금의 과정 자체가 소중한 경험이에요. 앞으로도 함께 응원하면서 나아가 보아요. (격려와 지지)

7) 현실치료의 WDEP 기법

진로상담에서 현실치료의 WDEP 기법을 활용하는 것은 내담자가 자신의 욕구와 현재 행동을 탐색하고, 보다 효과적인 진로 선택을 할 수 있도록 돕는 데 유용하다(천성문, 이영순, 박명숙, 이동훈, 함경애, 2006). WDEP는 Want(원함), Doing(행동), Evaluation(평가), Planning(계획)의 네 단계로 구성되며, 각 단계에서 상담자는 다음과 같이 내담자를 지원할 수 있다.

진로상담 과정에서 내담자는 WDEP 기법을 통해 자신의 진로 목표를 명확히 하고, 현재의 행동을 점검하며, 보다 나은 선택과 계획을 수립할 수 있다. 상담자는 각 단계에서 내담자가 주도적으로 자신의 진로를 탐색하고 결정할 수 있도록 지지하고 격려하는 역할을 한다. 이를 통해 내담자는 현실적이고 책임감 있는 진로 설계를 해 나갈 수 있을 것이다.

(1) 현실치료의 WDEP 기법 단계

⚬ **Want(원함) 단계:** 내담자가 진로와 관련하여 원하는 바가 무엇인지 구체적으로 탐색한다.
- 당신은 앞으로의 진로에서 무엇을 이루고 싶으신가요?
- 어떤 직업적 가치를 추구하고 싶으신지 말씀해 주시겠어요?

⚬ **Doing(행동) 단계:** 내담자가 현재 자신의 진로 목표를 달성하기 위해 어떤 행동을 하고 있는지 살펴본다.
- 지금 당신의 진로 목표를 이루기 위해 어떤 노력을 기울이고 계신가요?
- 진로를 탐색하는 과정에서 어떤 활동들을 해 보셨나요?

⚬ **Evaluation(평가) 단계:** 내담자가 현재의 행동이 자신의 진로 목표에 얼마나 부합하는지 평가해 볼 수 있도록 한다.
- 지금의 행동들이 당신의 진로 목표 달성에 얼마나 도움이 되고 있다고 생각하시나요?
- 현재의 노력으로 원하는 진로로 나아가고 있다는 확신이 드시나요?

⚬ **Planning(계획) 단계:** 내담자가 진로 목표 달성을 위한 구체적이고 실천 가능한 계획을 수립하도록 돕는다.
- 앞으로 진로를 위해 어떤 새로운 행동을 시도해 보고 싶으신가요?
- 현재의 계획을 보다 효과적으로 실행하기 위해 어떤 자원이나 도움이 필요할까요?

(2) 현실치료의 활용: 선택과 책임의 강조

현실치료는 선택이론에 기초하여, 현재 시점에서 내담자가 자신의 욕구를 책임 있게 충족시킬 수 있도록 돕는 기법이다(천성문, 이영순, 박명숙, 이동훈, 함경애, 2006). 내담자의 기본 욕구와 현재 행동을 탐색하고, 보다 효과적인 선택을 할 수 있도록 이끈다. 상담자는 현실 직면, 책임 강조, 계획 수립 등을 통해 내담자의 성장을 촉진한다.

이러한 현실치료 기법이 진로상담에서 어떻게 활용될 수 있는지 구체적인 사례를 통해 살펴보자.

> 상담사: 안녕하세요, 철수 씨. 오늘은 취업 준비 과정에서 겪는 어려움에 대해 이야기 나누어 보고 싶어요. 지금 철수 씨에게 가장 중요한 욕구는 무엇인가요? (욕구 탐색)
>
> 내담자: 제 능력을 인정받고, 안정적인 직장을 갖고 싶어요. 그래서 취업에 대한 욕구가 가장 큰 것 같아요.
>
> 상담사: 그렇군요. 그 욕구를 충족하기 위해 지금 어떤 행동을 하고 있나요? (현재 행동 탐색)
>
> 내담자: 취업 공고를 보고, 자기소개서를 쓰고, 면접을 준비하고 있어요. 그런데 자꾸 실패하다 보니 점점 자신감이 없어지고, 행동하는 게 두려워져요.
>
> 상담사: 그런 마음이 들 수 있어요. 그런데 지금의 행동이 원하는 결과를 얻는 데 도움이 되고 있나요? (행동의 효과성 평가)
>
> 내담자: 글쎄요… 열심히는 하는데 잘 안 되는 것 같아요. 제 행동이 효과적이지 않은 걸까요?
>
> 상담사: 함께 살펴보면 좋을 것 같네요. 만약 원하는 결과를 얻기 위해 앞으로 어떤 구체적인 행동을 해 볼 수 있을까요? (행동 계획

수립)

내담자: 우선은 제 강점을 더 살릴 수 있는 방향으로 자기소개서를 보완해야겠어요. 그리고 실전처럼 면접 연습을 더 많이 해야겠어요.

상담사: 좋은 계획이에요. 실천 가능할 것 같나요? 혹시 어려움이 생긴다면 어떤 도움이 필요할까요? (실천 가능성 및 장애물 확인)

내담자: 충분히 실천할 수 있을 것 같아요. 다만 가끔 동기부여가 될 만한 자극이 필요할 때가 있어요. 선생님께서 종종 격려해 주시면 힘이 날 것 같아요.

상담사: 좋아요. 제가 옆에서 응원하고 지지하는 역할을 하도록 하죠. 혹시 새로운 행동 계획을 실천하면서 어떤 변화를 기대하시나요? (변화에 대한 기대 탐색)

내담자: 한 번에 큰 변화는 아니더라도, 서서히 자신감이 생기고 면접도 잘 볼 수 있게 될 거라 기대해요. 그러다 보면 언젠가 취업에 성공할 수 있지 않을까요?

상담사: 저도 그렇게 믿어요. 철수 씨가 세운 계획을 실천하는 과정 자체가 의미 있는 변화가 될 거예요. 앞으로도 철수 씨가 원하는 삶을 향해 나아갈 수 있도록 함께 노력해 보아요. (긍정적 방향 제시 및 격려)

내담자: 감사합니다. 제 욕구와 행동을 돌아보니 앞으로 어떤 선택을 해야 할지 좀 더 명확해진 것 같아요. 작은 변화부터 시작해 볼게요.

8) 비폭력대화(NVC)

비폭력대화(NVC) 기법을 활용한 질문을 통해 내담자의 진로문제를 보다 공감적으로 이해하고, 그들이 스스로 문제해결 방안을 모색할 수 있도록 도울 수 있다(Rosenverg, 2017). 내담자의 관점과 경험을 있는 그대로 인정하고, 그들의 감정과 욕구를 깊이 있게 탐색함으로써 진로 고민의 핵심을 파악할 수 있다. 나아가 내담자가 주도적으로 진로를 설계하고 준비할 수 있도록 구체적인 실천 계획을 세우는 과정을 지원할 수 있다.

(1) 비폭력대화의 기법

비폭력대화의 네 가지 요소인 관찰, 느낌, 욕구, 부탁에 따라 진로상담에서 활용할 수 있는 질문은 다음과 같다.

⊕ 관찰

- 지금까지 진로를 탐색하는 과정에서 어떤 경험을 해왔나요?
- 최근 진로와 관련하여 가장 인상 깊었던 일이 있다면 말씀해 주시겠어요?
- 현재 진로 선택과 관련하여 고민하고 있는 부분이 있다면 구체적으로 설명해 주실 수 있나요?

⊕ 느낌

- 현재 진로에 대해 생각할 때 어떤 감정이 떠오르시나요?
- 원하는 진로를 찾지 못했을 때 어떤 기분이 들었나요?
- 자신의 진로에 대해 이야기할 때 가장 강하게 느껴지는 감정은 무엇인가요?

💡 욕구

- 진로를 선택할 때 가장 중요하게 생각하는 가치나 욕구는 무엇인가요?
- 이상적인 직업 생활을 통해 충족하고 싶은 욕구는 어떤 것들이 있나요?
- 진로를 탐색하고 준비하는 과정에서 어떤 지지나 도움이 필요하신가요?

💡 부탁

- 진로 고민을 해결하기 위해 주변 사람들에게 어떤 도움을 요청하고 싶으신가요?
- 상담자인 제가 진로 탐색을 위해 어떤 조언이나 정보를 제공해 드리면 좋을까요?
- 앞으로 진로 준비를 위해 자신에게 어떤 행동을 부탁하고 싶으신가요?

(2) 비폭력대화 기법의 활용: 공감과 이해를 바탕으로 한 소통

비폭력대화는 연결과 소통에 초점을 맞추어, 개인 내적 및 대인 간 갈등을 해소하는 기법이다. 감정과 욕구를 명확히 인식하고 표현하는 것이 대화의 핵심이다. 상담자는 관찰, 느낌, 욕구, 부탁의 4단계를 활용하여, 내담자가 자신과 타인을 이해하고 수용하는 태도를 기를 수 있도록 한다.

이러한 비폭력대화 기법이 진로상담에서 어떻게 활용될 수 있는지 구체적인 사례를 통해 살펴보자.

> 상담사: 안녕하세요, 철수 씨. 오늘은 취업 준비 과정에서 겪는 어려움에 대해 이야기 나누어 보고 싶어요. 철수 씨가 요즘 느끼는 감정이 궁금해요. 취업이 잘 안 될 때 어떤 기분이 드나요? (감정 탐색)

내담자: 제 자신이 한심하고 부족해 보여요. 자존감도 많이 떨어졌어요. 가끔은 우울하기도 해요.

상담사: 그런 감정을 느끼실 때 어떤 욕구가 충족되지 않았던 걸까요? 철수 씨에게 가장 중요한 욕구는 무엇인가요? (욕구 파악)

내담자: 제 능력을 인정받고 싶어요. 스스로 가치 있고 능력 있는 사람이라는 걸 확인하고 싶습니다.

상담사: 인정받고 싶고, 유능감을 느끼고 싶군요. 충분히 이해돼요. 그런 욕구는 누구에게나 있는 기본적인 욕구예요. (욕구 인정) 그런데 그 욕구가 취업으로만 충족될 수 있을까요? 지금도 철수 씨는 충분히 가치 있는 사람이라고 생각해요. (욕구 충족의 다양성 제시)

내담자: 글쎄요… 저는 능력을 인정받으려면 취업이 꼭 필요한 줄 알았어요. 하지만 지금 제 모습 그대로도 괜찮다는 말씀을 듣고 보니, 조금 위안이 되네요.

상담사: 맞아요. 철수 씨는 지금도 소중하고 충분히 가치 있어요. 그런데 만약 취업이 계속 안 된다면, 그 욕구를 충족하기 위해 또 어떤 방법이 있을까요? (대안적 욕구 충족 방법 모색)

내담자: 음… 제가 잘하는 일을 찾아서 해 보는 것도 좋을 것 같아요. 봉사활동이나 동아리 활동을 통해서 보람을 느껴 볼 수도 있겠네요.

상담사: 정말 좋은 생각이에요. 꼭 취업이 아니더라도 철수 씨의 가치는 충분히 발휘될 수 있을 거예요. 제 기대가 철수 씨에게 부담이 되진 않았나요? 제 말 중에 불편한 부분이 있다면 말씀해 주세요. (관계에서의 정직성)

내담자: 아뇨, 선생님 말씀은 오히려 위로가 많이 됐어요. 제가 너무

취업에 목매달고 있었던 것 같네요.

상담사: 제 바람은 철수 씨가 자신의 가치를 알아보고, 자신만의 방식
으로 보람을 느끼는 삶을 살아가는 거예요. (바람 전하기) 앞으
로도 함께 철수 씨의 욕구를 잘 살펴보고, 그걸 건강하게 충족
하는 방법을 찾아볼 수 있을 거예요.

내담자: 감사합니다. 선생님과 이야기를 나누면서 마음이 한결 가벼워
졌어요. 제 욕구와 감정을 잘 살피면서 앞으로의 삶을 살아가
볼게요.

9) 나 전달법과 내용확인 기법

진로상담에서 내담자와 효과적으로 의사소통하는 것은 상담목표
달성을 위해 매우 중요하다. 내담자의 진로 고민과 욕구를 정확히
파악하고, 내담자가 자신의 생각과 감정을 충분히 표현할 수 있도록
돕는 것이 필요하다. 이를 위해 상담자는 다양한 의사소통 기술을
활용할 수 있는데, 그중에서도 나 전달법(I-message)과 내용확인 기
법은 내담자 중심의 소통과 상호이해 증진에 효과적이다.

상담자는 나 전달법과 내용확인 기법을 상황에 맞게 적절히 활
용함으로써, 내담자와의 라포를 형성하고 내담자에 대한 공감적 이
해를 향상시킬 수 있다. 아울러 내담자의 자기표현과 문제해결 능
력을 향상시키는 데에도 도움을 줄 수 있다. 상담자의 모델링을 통
해 내담자 또한 효과적인 의사소통 기술을 습득해 나갈 수 있을 것
이다.

나 전달법은 자신의 감정, 생각, 욕구를 상대방을 비난하거나 평
가하지 않고 솔직하고 분명하게 전달하는 자기표현 기술이다. '나는

(상황)에서 (감정)을 느낀다'는 기본 공식에 따라, 자신의 주관적 경험을 '나' 메시지로 전달한다. 이를 통해 내담자는 진로 관련 스트레스와 어려움을 보다 효과적으로 표현하고 대처할 수 있다.

내용확인 기법(paraphrasing)은 내담자의 말을 주의 깊게 듣고, 그 내용을 상담자의 언어로 다시 진술하는 적극적 경청의 기술이다. 내담자의 핵심 메시지를 명료화하고, 내담자가 전달하고자 하는 바를 정확히 이해했는지 확인하는 과정을 통해 상호이해를 증진시킨다. 내담자로 하여금 자신의 생각과 감정을 보다 깊이 탐색하도록 촉진하는 효과도 있다.

진로상담에서 내담자와 효과적으로 의사소통하는 것은 상담목표 달성을 위해 매우 중요하다. 내담자의 진로 고민과 욕구를 정확히 파악하고, 내담자가 자신의 생각과 감정을 충분히 표현할 수 있도록 돕는 것이 필요하다. 이를 위해 상담자는 다양한 의사소통 기술을 활용할 수 있는데, 그중에서도 나 전달법과 내용확인 기법은 내담자 중심의 소통과 상호이해 증진에 효과적이다.

(1) 나 전달법의 단계

🔹 **관찰:** 상대방의 행동을 있는 그대로 관찰하고 구체적으로 묘사한다.

> "지난주 진로상담에서 선생님께서는 내 의견을 끝까지 듣지 않으셨어요."

◈ **느낌:** 그 행동이나 상황으로 인해 자신이 느낀 감정을 정직하게 표현한다.

"그때 저는 무시당한 기분이 들었고, 굉장히 속상했습니다."

◈ **요구:** 자신이 원하는 바를 명확하고 구체적으로 전달한다.

"앞으로는 제가 하고 싶은 말을 끝까지 경청해 주시면 좋겠습니다."

(2) 내용확인 기법의 단계

◈ **경청**

◆ 내담자의 말에 주의를 기울이고, 언어적·비언어적 메시지를 민감하게 포착한다.

◈ **이해**

◆ 내담자가 전달하고자 하는 핵심 내용과 감정을 파악한다.

◈ **재진술**

◆ 내담자의 말을 간결하고 명료하게 요약하여 전달한다.
"진로를 결정하는 과정에서 많은 스트레스를 받고 있는 것 같네요."

◆ 내담자의 의도를 정확히 이해했는지 질문한다.

"제가 이해한 게 맞나요? 혹시 빠뜨린 부분이 있나요?"

(3) 나 전달법과 내용확인 기법의 활용: 효과적인 자기표현 기술 습득

진로상담 장면에서 상담자는 나 전달법과 내용확인 기법을 적절히 활용하여 내담자와 신뢰할 수 있는 관계를 형성하고, 내담자가 진로문제를 주도적으로 해결해 나갈 수 있도록 지지할 수 있다. 내담자의 독특한 진로 경험과 욕구에 공감하고, 내담자가 전달하고자 하는 바를 명확히 파악하는 것이 내담자 중심 진로상담의 출발점이 될 것이다.

이러한 맥락에서 여기에서는 나 전달법과 내용확인 기법이 진로상담에서 실제로 어떻게 적용될 수 있는지 구체적인 사례와 함께 살펴보고자 한다.

상담사: 안녕하세요, 철수 씨. 오늘은 취업 준비 과정에서 겪는 어려움에 대해 이야기 나누어 보고 싶어요. 지금 나는 철수 씨가 취업에 대한 많은 고민과 스트레스를 안고 있다고 느껴져요. 내가 지금 느낀 게 맞는지 확인해 주시겠어요? (내용 확인하기)

내담자: 네, 맞아요. 취업 준비가 쉽지 않아서 많이 힘들어하고 있어요.

상담사: 지금 나는 취업이 안 된다는 사실에 철수 씨가 좌절감을 느끼고, 스스로를 부정적으로 바라보는 것 같아요. 내가 잘못 짐작하고 있는 건 아닌가요? (내용 확인하기)

내담자: 아니에요, 선생님 말씀이 맞아요. 계속 실패하다 보니 제 자신이 한심하게 느껴지더라고요. 자존감도 많이 떨어졌어요.

상담사: 그런 상황에서 나라면 자신감을 잃고 무기력해질 것 같아요. 철수 씨도 그런 감정이 드나요? (나 전달법)

내담자: 맞아요. 가끔은 이대로 포기하고 싶은 마음도 들고, 아무것도 하기 싫어져요.

상담사: 지금 나는 철수 씨가 자신의 가치를 취업 여부에만 두고 있다고 생각돼요. 마치 취업을 해야만 인정받을 수 있다고 여기는 것 같아요. 내 생각이 맞나요? (내용 확인하기)

내담자: 맞는 것 같아요. 저는 취업해야만 제 능력을 증명할 수 있다고 생각했던 것 같아요.

상담사: 만약 내가 철수 씨 입장이라면 꼭 취업이 아니더라도 다른 방법으로 보람을 느껴보고 싶을 거예요. 예를 들면 자원봉사나 동아리 활동 같은 걸 해 보면서 자신의 가치를 확인해 보고 싶을 것 같아요. 철수 씨는 어떤 생각이 드나요?

내담자: 저도 그런 생각이 드네요. 꼭 취업이 아니어도 제가 잘하는 일을 통해 보람을 느낄 수 있을 것 같아요. 그동안은 취업에만 너무 집착했던 것 같네요.

상담사: 제 입장에서는 철수 씨가 자신만의 방식으로 가치를 발견하고 즐겁게 살아가길 바라요. 물론 취업도 중요하지만, 그 과정 자체가 소중한 경험이 될 거예요. 앞으로 철수 씨가 어떤 선택을 하든 응원하고 지지할게요. 제 말이 철수 씨에게 힘이 되었으면 좋겠어요. 어떤가요? (내용 확인하기, 나 전달법)

내담자: 정말 감사해요. 선생님 덕분에 제 감정도 잘 알아차리고, 새로운 시각을 가질 수 있게 되었어요. 앞으로는 저 자신을 더 사

랑하면서 취업 준비를 해 나가야겠어요.

진로상담은 내담자의 진로 탐색과 결정을 돕는 복잡하고 중요한 과정이다. 이 과정에서 상담자는 면담의 특징을 이해하고 효과적인 피드백을 제공할 수 있어야 한다. 또한 내담자의 다양한 문제 유형을 파악하고 적절히 대응할 수 있어야 한다. 이는 진로결정, 의사소통, 감정표현, 의사결정, 동기부여 등 다양한 영역에서 나타날 수 있는 어려움을 포함한다. 동시에 진로상담자 자신의 한계와 문제점을 인식하는 것도 중요하다. 전문성 부족, 개인적 문제, 의사소통의 어려움, 윤리적 딜레마 등은 상담의 질에 영향을 미칠 수 있으므로, 이를 개선하기 위한 지속적인 노력이 필요하다.

생애진로사정(LCA)을 통해 내담자의 전체적인 진로 특성을 이해할 수 있다. 해결중심상담의 질문기법은 내담자의 강점과 자원을 발견하는 데 도움을 주고, 사티어 모델의 빙산탐색 기법은 내면의 깊은 욕구와 감정을 탐색하는 데 유용하다. 동기면담의 핵심기술은 변화에 대한 내적 동기를 강화하며, 교류분석은 자아상태를 이해하는 데 도움을 준다. 현실치료의 WDEP 기법은 구체적인 행동 계획을 수립하는 데 효과적이고, 비폭력대화(NVC), 나-전달법(I-message)과 내용확인기법은 효과적인 의사소통 능력을 향상시키는 데 기여한다.

이러한 다양한 접근법과 기술을 통합적으로 활용함으로써, 진로상담자는 내담자의 자기이해를 증진시키고, 진로 탐색과 결정 과정을 효과적으로 지원할 수 있다. 궁극적으로 이는 내담자가 자신의 잠재력을 최대한 발휘할 수 있는 진로를 선택하고 준비하도록 돕는 데 기여할 것이다. 진로상담은 단순히 기법의 적용을 넘어, 내담자의 전인적 성장을 돕는 과정이다. 따라서 진로상담자는 이러한 다양한 측면을 고려하며, 지속적인 학습과 자기성찰을 통해 전문성을 키워나가야 한다. 이를 통해 진로상담자는 내담자의 진정한 성장과 발전을 위한 조력자로서의 역할을 충실히 수행할 수 있을 것이다.

참고문헌

김봉환(2019). 진로상담의 이론과 실제. 학지사.

김영애(2012). 사티어 빙산의사소통. 김영애가족치료연구소.

박민수(2014). 마음을 움직이는 커뮤니케이션 기법. 시그마북스.

신수경, 조성희(2016). 알기 쉬운 동기면담. 학지사.

정문자, 송성자, 이영분, 김유순, 김은영(2008). 해결중심단기치료. 학지사.

천성문, 이영순, 박명숙, 이동훈, 함경애(2006). 상담심리학의 이론과 실제. 학지사.

Amundson, N. E., Harris-Bowlsbey, J., & Niles, S. G. (2014). *Essential elements of career counseling: Processes and techniques* (3rd ed.). Pearson.

Niles, S. G., & Harris-Bowlsbey, J. (2016). *Career development interventions in the 21st century*. Pearson.

Rosenberg, M. B. (2017). *Nonviolent communication: A language of life*. Translated by Kathryn Hahn. NVC Korea.

Savickas, M. L. (2019). *Career counseling* (2nd ed.). American Psychological Association.

Stone, D., & Heen, S. (2014). *Thanks for the feedback: The science and art of receiving feedback well*. Penguin.

Zunker, V. G. (2011). *Career counseling: A holistic approach*. Cengage Learning.

직업카드 분류활동

좋아하는 직업	미결정 직업	싫어하는 직업

흥미 유형	R	I	A	S	E	C
개수						

◆ 마음에 드는 이유에 따라 직업들을 분류해 보세요.

마음에 드는 이유	직업명
1.	
2.	
3.	
4.	
5.	

◆ 가장 마음에 드는 직업카드 5개를 골라 그 이유와 직업명을 적어 보세요.

가장 마음에 드는 직업	이유
1.	
2.	
3.	
4.	
5.	

◆ 내가 마음에 들어 하는 직업들의 특징은 어떤지 적어 보세요.

마음에 드는 직업들의 특징

생애진로사정

주요 문제			
구조		**질문**	**내용**
진로 사정	**일경험**	• 이전 직업 • 좋았던 일과 싫었던 일	
	교육/ 훈련 경험	• 학과목 중 좋아했 던 과목과 싫어한 과목	
	여가	• 취미활동 • 휴일날 주로 무엇 을 하며 보내나	
일상적 하루	**독립적 vs 의존적**	• 의사결정이나 일상적인 생활에서의 타인에 대한 의존도	
	체계적 vs 임의적	• 일상생활에 변화가 일어나는 행동을 많이 하는지	
강점과 장애	**주요 강점 세 가지**	• 자신이 생각하는 강점 혹은 장점	
	주요 약점 세 가지	• 자신이 생각하는 단점	
요약			

에필로그: 진로상담 실전 가이드를 마무리하며…

이 책에서 진로상담에 활용할 수 있는 다양한 도구, 질문, 면담 기법에 대해 알아보았습니다. 진로상담사로서 내담자의 자기 탐색과 자기 이해를 지원하고, 그에 적합한 진로를 선택하고 이행하도록 돕기 위해서는 이러한 실무역량이 중요합니다.

다양한 진로상담 도구를 효과적으로 활용하여 내담자에게 맞춤화된 진로 전략을 제시할 수 있을 것입니다. 또한 효과적인 질문과 다양한 면담 기법을 통해 내담자와의 친밀한 관계형성과 깊이 있는 소통을 이어가고 내담자의 진로선택에 영향을 미치는 여러 요인들을 종합적으로 파악할 수 있습니다.

여러분들이 이 책에서 소개된 다양한 도구, 질문, 면담 기법을 진로상담 현장에서 활용한다면 보다 전문적이고 효과적인 진로상담

을 진행할 수 있을 것입니다. 내담자의 특성을 빠르게 이해하고 그들에게 적합한 진로 정보를 제공함으로써, 내담자의 성공적인 진로 발달을 지원할 수 있을 것입니다.

감사합니다.

저자 소개

문은미(Mun Eunmi)

동신대학교 상담학 석사, 심리학 박사
전) 동신대학교 상담심리학과 조교수
    광주대, 조선대 출강, 고용노동부 광주지방고용청 직업상담직 공무원
현) 동신대학교 상담심리학과 초빙교수
    (주)커리어아카데미 소장

〈자격〉
직업상담사 1급, 청소년상담사 1급, 임상심리사 1급, MBTI 글로벌 전문가 등

〈주요 관심 분야〉
진로상담, 진로상담 연구, 진로상담 교육 등

〈저서 및 논문〉
『청소년 진로상담하기』(공저, 이담북스, 2012)
『꿈을 찾으면 내 직업이 보인다』(공저, 이담북스, 2010)
『동기유발, 소속감 증진, 그리고 행복한 대학생활의 시작을 위한 자기계발
    Ⅰ·Ⅱ』(공저, 동신대학교출판국, 2015)
『자기주도학습, 존중과 양심, 창의적 문제해결을 위한 자기계발 Ⅴ·Ⅵ』(공저,
    동신대학교출판국, 2017)
「부모의 심리적 통제, 진로신념, 내적동기 및 진로적응성의 관계」(2019)
「대학생의 진로타협과 진로관여행동의 관계에서 진로결정자기효능감의 매개
    효과」(2018)
「대학생의 진로타협과 진로관련 변인들의 관계 탐색」(2018)
「사회초년생이 직업적응과정에서 경험하는 어려움」(2016)
「부모와 자녀가 지각한 부모 진로지지가 청소년의 진로결정수준에 미치는 영
    향」(2011)
「부모 진로지지가 청소년의 진로결정자기효능감에 미치는 영향」(2011) 등

진로상담 실전 가이드
-상담도구, 질문 · 면담 기법 A To Z-
Career Counseling Practice Guide
-Counseling Tools, Questions · Interview Techniques A to Z-

2024년 11월 10일 1판 1쇄 인쇄
2024년 11월 15일 1판 1쇄 발행

지은이 • 문은미
펴낸이 • 김진환
펴낸곳 • ㈜ **학지사**

04031 서울특별시 마포구 양화로 15길 20 마인드월드빌딩
대표전화 • 02)330-5114   팩스 02)324-2345
등록번호 • 제313-2006-000265호

홈페이지 • http://www.hakjisa.co.kr
인스타그램 • https://www.instagram.com/hakjisabook

ISBN 978-89-997-3268-3 93180

정가 15,000원

출판미디어기업 학지사

간호보건의학출판 **학지사메디컬** www.hakjisamd.co.kr
심리검사연구소 **인싸이트** www.inpsyt.co.kr
학술논문서비스 **뉴논문** www.newnonmun.com
교육연수원 **카운피아** www.counpia.com
대학교재전자책플랫폼 **캠퍼스북** www.campusbook.co.kr